名もなき家事妖怪
はーじまーるよー！

名もなき家事妖怪

目に見えない、名前もない家事の妖怪。家事をすると薄くなって消えるが、すぐまた現れる。

安倍ニャン吉（???歳）

陰陽猫（おんみょうねこ）。「名もなき家事妖怪」を退治する家族を手伝うことが使命。

お父さん
シュンタ（37歳）

出版社の編集者。真面目な性格。胃が弱い。

長女
マコ（5歳）

幼稚園年長の女の子。大人びていて、クール。家族のツッコミ役。

長男
ユイト（8歳）

小学3年生の男の子。明るくて優しい。不思議な現象にも動じない。

お母さん
トモコ（36歳）

在宅ワークのデザイナー。がんばり屋な性格の主婦。食べることが好き。

プロローグ
ねこ妖怪がやってきた!
ドタバタドタ

みんな!焼肉屋のクーポン券今日までよ!!
焼肉クーポン
半額

行くよね?
行くー!!
母トモコ(36歳)
長女マコ(5歳)
父シュンタ(37歳)
長男ユイト(8歳)

よーし!じゃあ準備して行くわよー!
レッツラヤキニクー!
あ

イッタア!!
ベシャアー
イッテ
ガッ

ママ
大丈夫!?
つまずいちゃった!
掃除しなきゃねー
なんか変な声しなかった?
いてて…

この箱、何?
近所の神社のフリーマーケットで買った木箱よー
カワイイでしょー

宝箱みたい! 開けていい?
ワクワク
いいよー

パカ

何これ!
ドロオ〜ン
封
よくわからないメモが入ってたのよねー
前の人が書いたのかな〜
見るからに曰く付きでしょコレ

こんな得体の知れないものは今すぐしまって!!
パカァン!!
パパ怖いんだね

ほら、そんなことより早く掃除して出かけようよ
またコケるよ…
ぐー
お腹へったぁ
ちゃぁ…

この前掃除したとこなのになー
家事ってやってもやっても終わらない
家事がもっと楽になったらいいのに…

ぐー…

帰ってから掃除しよっか

腹がへっては掃除はできぬってね!
はーい!
じゃ準備して行こっか
ガチャ
キィィ
パタン…

帰宅後

おかえり〜

お腹いっぱいだねー

ほら帰ったら掃除するよー…

おいしかった〜

ガチャ

ニャンッ

おかえり!

バァン!!
ちょっと家間違えた!!
間違えてない間違えてない

さっきの猫さん尻尾が2本あったね!
ドキドキ
ズリィィ

バン
なんで閉めんねん!
やっぱり猫がしゃべってる〜〜〜!?

あんた一体何なの!?
悪霊退散南無阿弥陀仏…
ヒィィィ
ヒェェェ

感じ悪いなぁ そっちがおいらを呼んだくせにー
悪霊ちゃうしー
「家事がもっと楽になったらいいのにー」って言ってたやろ?

家事がもっと楽になったらいいのに…
ウッソ あれ!?

おいらは安倍ニャン吉や！

「名もなき家事妖怪」を退治する陰陽猫やよろしくな！

ニャニャン！

もうどこから突っ込んでいいかわかんないけど…

夢じゃないのね

ビョ〜

「名もなき家事妖怪」って何なの…？

この世界には、目に見えない「名もなき家事妖怪」っていう妖怪がおるんや

その妖怪退治のお手伝いをするのが、おいらの使命や

あくまでも「お手伝い」やからなやっつけるのはあんたらやで！

はぁ…

「名もなき家事妖怪」よ！
姿を現せー!!
ニャー
何これーー!?

家にいる「名もなき家事妖怪」を見える化したんや
ホコ
ホコ
まずはこいつらから！
さぁ、一緒に妖怪退治するで！
こんなのどうやってやっつけるのよ！
きもちわるー
戦う武器なんて持ってないわよ⁉
バターン
そんなもんは必要ない
ほな、さっそく実践してみよか
ニャッニャッ
え⁉
こいつは「ホコリマイチル」
ホコ
ホコ
ホコ
隙間や高いところにいる
掃除機の攻撃から逃げるのがうまいんや
ホコリマイチルを退治しよう！
ポイント
①上から下へ乾ぶきする！
ハンディワイパーを使うと楽やで
ヒィィィ
ヒィィィ
掃除機はかけないの⁉
ホコリが多いときは先に掃除機をかけると空気中に舞い上がってしまうんや！

ポイント
②掃除機をかける！
ハンディワイパーで取れなかった大きなゴミを掃除機で！
ホコ
ホコ
ポイント
③水ぶきをする！
フローリングモップでスイスイや！
ホコ
ホコ
ホコ

ちなみに、高い棚にはラップを貼って、定期的に交換すれば楽チンやで！
ラップ
それいいわね！

ポイント
④換気する！
掃除中に窓を開けたら入ってきた空気でホコリが舞い上がるからな！
コ…

スゥ…

「名もなき家事妖怪」が消えた！
ざっとこんなもんや

ていうか、普通に掃除しただけ
いや猫が掃除するのは普通じゃないよ！家事に詳しいし！
まぁそうね

みんな…
今日からニャン吉は家族でーす！
くるっ
家事は猫の手も借りたい☆
ママーーー!?
そんなあやしい猫を簡単に信じるのはどうかと思う
あやしいツボとか売ってくるかも
イヤァァァァ
そうだよ！化け猫なんて不気味すぎるよ!!
おいそういう言い方傷つくやろ
大丈夫よ～よく見たら可愛いじゃない！
そやろ？
まあ見た目はね
カワイイ…
そやろ？
よく見るほど猫としておかしいよ！尻尾2本あるよ!?
僕、猫飼うの夢だったんだ！こんなにカッコイイ猫を飼えるなんて嬉しい！
君ええ子やな
モフモフね
ニャン吉これからよろしくね
ヒィィィィ
こうして太田家と不思議な猫と「名もなき家事妖怪」たちの暮らしがはじまりました

はじめに
introduction

こんにちは。『名もなき家事妖怪』を読んでいただき、ありがとうございます。隙(すき)あらばゴロゴロするためにフリーランスになった、漫画家のカワグチマサミです。

私も太田家のトモコと同じく、夫と小学生の子どもがいます。一人っ子です。好きなものはゲーム。苦手なものは家事。**なんで一生懸命生きてるのに、家事しないといけないんだろう？**　と思いながら洗い物してます。

『名もなき家事妖怪』を描こうと思ったきっかけは、ずばり、**夫とすれ違い、家事シェアがうまくできず、家庭崩壊しかけた**からです！

夫と2年くらい不仲だった時期がありました。今思い出しても呼吸が苦しくなるほどのトラウマ。

あの時、もっと早く夫に相談したらよかった！
もっと早く家電を買えばよかった！
家族で家事シェアについて話したらよかった！

他にも……ああしとけばよかった！　なんて思うことを（書き出せばそれだけでコラム終わっちゃいそうなのでやめますけど）、できるなら、タイムトリップして、昔の私に伝えに行きたい！　でもできないから……。

漫画にして、たくさんの人に読んでもらって、**〝いい感じ〟で家事シェアができる家族が増えてほしい！**　そしたら、当時の私もちょっと癒（いや）される気がする。

これが、『名もなき家事妖怪』を描く理由です。

描き始めたとき、「他の家族はどうやって家事シェアをしてるんだろう？」と思って、たくさんのお母さんたちにお話を聞いたり、調べたりしました。

家事シェアの形は、家族の数だけあります。だけど、お母さんたちの話を聞いて驚いたのは……

「**産後に夫婦不仲になった**」、という意見がとても多かったこと。

ええっ、うちだけじゃなかったんだ⁉　と、思いました。
その中でも、よく聞いたのはこのパターン。

①産後、体力を回復させる&育児をするために仕事を休む
②家事は自然と家庭にいる妻の負担に
③二人目の出産や仕事復帰でさらに余裕がなくなる
④一人で考える時間も、夫と話しあう時間も作れない
⑤夫婦不仲

うちもこのパターンでした。
家事シェアどころか、夫婦での会話すらぎこちない状況に……。
夫婦や家族の悩み事は、なかなか周りの人に相談しにくいですよね。うまくいってるように見える家族だって、実はそうじゃないかもしれない。誰にも言えずに、孤独(こどく)に、無理してがんばってるのかもしれない。
「いやいや、うちはずっと仲がいいですよ～」という人は、人柄(ひとがら)人間国宝です。

うちは**夫婦互いに、ボキボキのバキバキになるまで、ぶつかりあいました。**
でも、ぶつかったから、向きあわざるを得ない状態になったのかもしれません。
自然な家事シェアは、家族がただ単純に家事分担をするだけではできないということを身をもって知りました。
家事シェアができるまでに経験した失敗、やってよかったこと、これだけは気をつけてほしい！　と伝えたいことを、本書に詰め込みたいと思います。
今回、エッセイではなく、マンガにしたのは……ニャン吉の存在を描きたかったから。陰陽猫のニャン吉は、今の私が、過去の私に伝えたいことを届けてくれる存在です。太田家が「名もなき家事妖怪」を退治しながら、どうやって家事シェアと向きあっていくのかを、見守ってくださいね。
おそらく、**ほんわかした展開ではなくなりそうな予感**……でも**家事シェアは綺麗事じゃすまされないんだ**。ごめんね、太田家のみんな。
この物語を読んだ方と、その家族が、今よりもっと楽しく、〝いい感じ〟に過ごせますように。

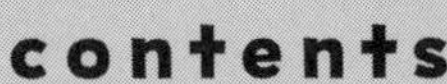
contents

第1話

名もなき家事妖怪

ガチャ
パパ起きた？
おう！
ごめん
昨日あまり
寝れなくて…

準備できたら
リビング来てね
わかった

寝不足って
悩み事かー？
君の
せいだよ！
イラ

ぼぼぼ僕は妖怪が
家にいるなんて
認めないよ…！
こここんなものが
見えるなんて怖っ
じゃなくて迷惑だよ!!
かみすぎや

名もなき家事妖怪が見えても
ろくなことはない！
家事なんて
普通にしたら
いいんだから！

「普通に」
なぁ…

じゃー
掃除するかー
めんどくさいけどー
ごちそう
さまでした！
はーい！

じゃあ
ユイトはパパと
洗面所とお風呂場の
掃除をしよっか
うん！
よいしょ〜っ
まずは
洗濯物を…
ん？
ツンツン
クツシタマルマル
まるまった靴下の妖怪
ガエ〜シ
マルマルン
ガエ〜シ
シャツウラガエーシ
裏返しになったシャツの妖怪
でっ
出たー!?
ヒィィィ

こいつらの本体は
そこにある洗濯物や!!
ニャン吉!!

もしや、こいつって
脱ぎっぱなしにしたシャツ!?
脱ぎっぱなしの
靴下!?

脱ぎっぱなしの服を
洗濯機に入れて…
そのまま洗濯したら…
ゴャ〜
干すとき、めっちゃ
めんどくさいねん!!

マジか!!

こ、こんな妖怪!
すぐに退治して…!
サッ

あ〜
あっ
プゥ〜ン
からみつく!
しかもなんか
くさいっ!!

パ
パ

パパ、うしろ！
へ？

ま〜〜〜た
変なの
おるぅー
パ
パ
センザイキレッパ
補充を忘れられた洗剤容器の妖怪
センザイ
キレッパや〜ん

洗剤を補充して
退治するんや!!
あれ？
確かこの棚に
ストックが…
どれ？

これか！
ツルッ
あっ

フタが洗濯機と壁の隙間に落ちたー!!
他にもいろいろ落ちてる!
スキマオチール
洗濯機と壁の隙間に落ちたモノたちの妖怪

妖怪が多すぎるよ〜
そうだね…

家事を「普通に」するって
自分が気づいてない家事まですることだったのか…

パパさんやユイトが今まで気づいてないってことは
誰かさんが退治してたってこっちゃ

……ママ!!

おりゃあー!!
早く掃除終わらせて
ゴロゴロしたいー!!

パア〜ン

フクヌギッパ
リビングや廊下(ろうか)に
脱ぎっぱなしになった
衣類の妖怪

ンン!?

タベノコシホウチ
テーブルにはびこる食べ残しの妖怪

あらパパどした？
かっこいい…
キュン

いつも僕たちが気づかない妖怪まで
退治してくれてありがとう
ありがと〜

…………
…………

ええ怒ってる⁉
そんなぁ怒ってなんか…

ないわけないよね⁉
カァッ
だって名もなき家事妖怪ってがんばって倒しても気づいてもらいにくいし！ほめてもらえないし！今更って感じだし！
ゴメン
思い出しオコ↗

でも…

気づいてなかったのは私も同じ
？

名もなき家事妖怪が
見えるようになって初めて
こんなに退治してたんだ〜って
気づいたのよね

そうだったんだ
ママ本人でさえ
気づかなかったこと
僕一人では
気づけなかった…

ニャン吉
つらく当たってごめんね
気づかせてくれて
ありがとう

ニコッ
ええんやで

パパさんは会社勤め、
子どもたちは学校やから
家にいる時間が少ないのは
仕方ないとしても
ママさんが一番
家事妖怪を退治してる
のは事実や

それを
お互い知るだけでも
家事シェアの
大きな一歩やでー!!

家もキレイに
なったしね!
がんばったし
あそびたい
カードゲーム
しよっかー
?
ホコ
ホコ

みんな
気づいてない
のかな?
どこに
行くんだろう?

ユイトには見えるんか
ニャン吉！

なんで僕だけ見えてるの？
それはな～

おいらは「名もなき家事妖怪」を見えやすくする術をかけることはできるけど
ニャッ☆
その解像度は人によって違うんや
家事を意識してる人ほどたくさん見える

でも僕…ひとりじゃ、まだ退治できないよ
そうかもしれへんけど

ユイトはママのことをよく見てるから
名もなき家事妖怪もよく見えるんかも！

そうかも！
僕、ママのこと好きだから
いつも笑っててほしいから！
ええ子やのう
なでなで
ユイトには名もなき家事妖怪退治の素質があるな！
やったー！
キィ…
お兄ちゃん、ニャン吉、あそぼ～
うん！
名もなき家事妖怪退治は家事スキル以上に
「思いやり」が一番の力になるんやで
ニャン吉と太田家の名もなき家事妖怪退治の物語は、はじまったばかり…

「名もなき家事妖怪」嫌われ者ランキング

「名もなき家事妖怪」は数え切れないほど存在しています。それは**もう、家の中に溢(あふ)れるほど!** シュンタやユイトのように、そもそも「名もなき家事妖怪」が見えてなかったり……トモコのように自分で退治してても、それが当たり前になりすぎて気づかなかったり……。

見えない「名もなき家事妖怪」を退治し続けることで、**見えない「ストレス」もたまっていきます**。その中でも特にはた迷惑な「名もなき家事妖怪」のランキングが発表されました!

大和ハウスさんが長崎県のママにアンケートをとったものです。というのも、2020年の調査によると、長崎県は特に家事シェア率が低かったとのこと。

みなさんのランキングはどうですか? ぜひ、聞かせてくださいね。私は納得の結果でした。**本当にこいつらは、退治がめんどい…!** そんな**3匹を少しでも手軽に退治できる方法**を紹介します。

「名もなき家事妖怪」 被害ランキング	
1位	**カミノケツマール** 排水溝に詰まった髪の毛の掃除
2位	**センザイキレッパ** 使い切った洗剤の補充
3位	**グラスノミッパ** 飲みっぱなしのグラス洗い

(出典　https://www.daiwahouse.co.jp/tryie/column/build/kajishare_ranking/index.html)

カミノケツマールの退治方法

100円ショップのヘアキャッチャーを排水溝にセットしています。

髪の毛や汚れをかき集める手間をかけず、そのままゴミ箱にポイっとできます。

センザイキレッパの退治方法

ずばり、**ネットでまとめ買いをする**。常にストックを置いておくようにしています。一つ減ったら二つ買い足し。

グラスノミッパの退治方法

すぐに洗うのがめんどくさいときは、**洗剤でつけ置きしてまた明日**。

「え、そんなんでいいの？」って思うかもしれません。洗い物は、その日のうちに洗い終える方がキッチンもきれいになるし、いいことです。

だけど私は、**「〜しなきゃ！」と思い込み、自分を追い詰めて、そのストレスから夫とぶつかることもありました。**それからは、家事は無理にしないことにしました。家事をすることがもっと嫌いになっちゃうから。

それに、一人で家事を頑張りすぎると、家族も「ママが家事をすること」が当たり前と思ってしまうかも。

「家事はみんなのもの」ということを伝えるためにも、少々サボったほうがいい。少し臭くても、汚れてても、大丈夫です。

名もなき家事妖怪の退治は毎日続くものです。どんなことでも、継続することとは、力を抜いた方が、うまく付きあえると思うんです。

第2話

家事と分担

みんなに大切な話があります!
ドン
おいしいお店見つけた?
それもまた話すけど違う
これからもっと名もなき家事妖怪を退治できるように
KAJI BUNTAN
みんなで家事を分担しない?
いいんじゃない?
なんか適当だけどよしっ!!
じゃあ分担していくよー!
ママは料理と洗い物とー
じゃあパパは掃除機かけとゴミ出しと…
僕たちはー?
二人はおもちゃの片付けね!
あとはー…
太田家は「どっち」やろなぁ…

じゃあ
今日から
家事分担
スタートね！
おー！

フッフッフッ
これで、私の家事負担も
減るはず！
グルメ巡(めぐ)りする
時間も増えるわ〜〜！

―1週間後―
イッラァ
なんで!?

ウッカリ
パパの担当なのに
ゴミ出し忘れてるー!!
ウッカリ
ウッカリゴミホウチ
放置(ほうち)されたゴミの妖怪

パァ〜
パァ〜
お兄ちゃんが
片付けて！
今日は
マコの日！
兄妹でケンカ
始めるし!!
オモチャダシッパ
片付けられてないオモチャの妖怪

おかしい…
家事を楽にしたくて
分担したのに…
思ってたんと
ちゃう!!
思ってたの
家事がラクに
なった分 おでかけー♡

ーその夜ー
ダン
みんな!
自分の担当は
ちゃんとやってね!?

うーん
だってー
ムゥ

みんなの気持ちも
聞いてみようや
うっ
わかった

ピアノの宿題が難しくて
お片付けできなかったの!
いつもだったら
お兄ちゃん
応援してくれるのに!

それは
仕方ないわー
そう
だったんだ…

僕は、
仕事を遅くまでしてたら
寝坊しちゃって
わーん
ちこく
それで
ゴミ出し忘れちゃった…

それも
仕方ないわー
知らなかった…

ていうか、ママさ、洗濯物を
干すの忘れたまま洗濯機に
入れっぱなしだったでしょ？
センタクモノホウチ
洗ったまま
干さずに放置された
洗濯物の妖怪
ホーチ
ホーチ
干しといたけど…

あっ

海外ドラマに夢中で
忘れてたー！
ギャー
食いしん坊の君がスキだ
それはないわー

まーこうなる
思ってた
ブォッ
ブァッ
ニャン吉は
家事分担が
失敗するって
わかってたの!?
ガクガク
ブブー

家事分担をすることで
うまく家事を回す
家族もおるけど
ごじゃ〜
うまくいかない
家族もおる…

いろんな家族がおるから
答えは一つじゃない
分担派
分担しない派
やってみないと
わからへん

うちは、ルールを
守り続けるほど
真面目じゃ
ないもんね
それも
そうね
分担合ってなかったね

それに、今回みたいに事情が
あって担当の家事ができない
こともあるし
病気
疲労
家族の誰かが体調が悪い
ときだってあるで？

ルールのせいで
家族に無理は
させたくない…

僕、ルールを気にしすぎて
マコが困ってることに
気づけなかった…
ごめんね
ほれ
仲直り
私こそ
正直、自分で
片付けるの
めんどくさいって
気持ちもあった
ごめんね
え…？

私も…
家族みんなで家事をすることが目的なのに
家事分担のルールを守ることにこだわって
家族の気持ちが見えなくなってた
ごめんなさい

ルールにこだわりすぎると
家事分担のルールを守ることが「いいこと」
破(やぶ)ることが「悪いこと」になって
家事をすることに義務感(ぎむかん)を持ってしまうからな
身をもって感じた

それに名もなき家事妖怪は
一つの家事に何匹も
隠れてるんや
はっきりくっきり
分担なんて難しいと
思うで～？

え!?
どういうこと!?

例えば、「洗濯物」一つでも
家事妖怪は9匹もいるんや!!
①脱ぎっぱなしの衣類を
洗濯カゴに集める!
クツシタ
マルマル
シャツ
ウラガエーシ
②洗剤を入れて洗濯機を回す。
③洗剤が切れてたら入れ替える!
センタクキマワシー
④洗濯機で洗い
終わった衣類を
カゴに入れる!
センタクカゴ
イレイレ
これ全部の分担
を決めるのは
難しいかも…
やだー

⑤物干し竿に干す!
センタクモノホスー
⑥乾いた衣類を取り込む!
センタクモノトリコミー
センタクモノタタミン
⑦取り込んだ衣類を畳む!
センタクモノシワケー
⑧家族それぞれの分に仕分けする!
こんなに名もなき家事妖怪が隠れてたなんて!
うじゃうじゃいる〜!
センタクモノシューノー
⑨それぞれの場所に収納する!

私、洗濯物の中でもセンタクモノトリコミー嫌い！
僕はセンタクモノタタミンの方が苦手(にがて)
そうなの!?
同じ家事なのに苦手だったりそうじゃなかったりするんだね
!!
それよ！
家族にそれぞれ向いてることを任せば、うまくいくんじゃない？
分担じゃなくて、好きなこと得意なこと興味あることを「なんとなく任せる」の！
それは…
ええやん!!
ルールじゃないから、できないときがあってもいいしね
好きなことなら続けられそう
好きなこと好きなこと…

太田家の家事シェアは
始まったばかり…

ルールはハッキリ決めない方がいい

我が家も、太田家と同じように家事分担にチャレンジして失敗してしまったことがあります。

失敗してしまった理由は、**家事分担をハッキリ決めてしまったこと**です。

「洗い物は私」「ゴミ出しは夫」のように、思いつく家事を書き出し、誰がどれをやるか分けました。2日間ほどやったところで……

「子どもの汚れた靴は？」「足りなくなった日用品の買い物は？」「宅配ボックスの荷物は？」

次から次へと出てくる名もなき家事妖怪を「どっちが退治するの？」と押し付けあいになり、気づきました。

このやり方、ウチには合ってないな、と。

ルールを守ることが「いいこと」、破ることが「悪いこと」になってしまい、本来の目的である「家族でいい感じで家事シェアする」ことをお互い忘れていました。

人間ですから、体調が悪かったり、仕事が忙しかったり、育児が大変だったりで、**つい家事を忘れてしまう**こともありますよね。

ただ、全く分担せず「気がついた方が家事をする」方法では、私も夫も相手任せになりがちなので、**「やってもいいかな〜」と思える家事はやる、「これだけはやりたくない！」と思う家事はやらない、**にしようと話しあいました。

例えば、私はおしゃれ着洗いの衣類を洗うのは苦手なので、夫が週末にやることが多いです。

夫は、「前世で敵同士やったんかい！」ってくらい段ボール箱を解体することが嫌いなので、私と息子がやるようにしています。

実際に、これを取り入れてから変わったことがあります。

「やってもいいかな～」より、「これだけはやりたくない！」という家事を、家族の誰かがやってくれる方が、**自然と相手に感謝できるし、ストレスも減るし、他の家事をしようと思えるよ**うになりました。

家族によって、どんな家事シェアの方法が合っているかは違ってきます。

我が家は家事シェアがうまくできないこともあったけど、そうやって失敗をしながら、自分たちに合った家事シェアの方法を見つけていけたと思います。今も手探り中ですけど。

ただ、失敗するたび、夫とぶつかって疲れちゃったので、昔の私に一言言えるなら……

「最初からうまくいくとは限らないから、まずはこんな方法で家事シェアをしてみて、合わなかったらやめようね」

早くからこうしていれば、もっと穏やかに家事シェアができてたんじゃないかなぁと思います。

ぜひみなさんも試してみてくださいね。

家事は継続するもの。ダイエットや趣味、どんなものでも長く付きあっていくコツは、「厳しく！」より、「**ゆるやか～**」**な心構え**なんだと思います。

第3話

その家事って
必要？

ねー
晩ごはん
何がいいー？

ハンバーグ！
グラタン！
しめ鯖寿司！

もっと簡単に
作れるやつにして…
聞かれたから
言ったのに

ハァ
毎日、献立を
考えないといけないって
大変なのよー
食べるのは
好きなんだけどー

コンダテナヤムン
献立に悩む人のそばに
現れる名もなき家事妖怪
ナヤムン
ハイハイ
出た出た
絶対目合わせない

そもそも晩ごはんって
作らないとあかんの？
だってそりゃ
お腹へるし
グゥ

「ごはんは作るもの」って思いこんでへん?
ゴロ ゴロ ゴロ ゴロ
「やらなきゃ」って思ってることって意外にそうでもなかったりするでー
いいこと言ってるのになんか惜しい
POTATO

ママ!僕、スーパーのごはんでもいいよ!
私もモスドでいい
ム〜ン

二人とも…
マコが食べたいだけでしょ
今夜はモスドで決まり
ム〜…

イライラして毎日ごはんを作って機嫌が悪くなるなら
手抜きにしてママさんが楽になる方がいいと思うで
よっこらしょー

そうよね!そうする!
パパにメールして買ってきてもらおー!

ピロロン
パパ
今日は残業なので
僕の分のごはんは大丈夫です
ごめんね
マジか

パパ、今日帰ってくるの
遅いみたい
ごはん買ってきてもらう
作戦が…
じゃあ
どうするのー?
グ
グ

よく考えたら、
この前もパパにお惣菜
買ってきてもらったし
お金も使っちゃうし
食材使わないと
腐っちゃうし
やっぱり
作るしか…?
ムーン
ムーン
ムーン

なんか術で
ポンってごはん
出したり
できひん

けど!
節約&時短&おいしい
リメイク料理の術
ならあるで〜!
リメイク料理
何それ?

リメイク料理は
①残り物の料理を捨てずに使うから
節約になる!
②次の日簡単にごはんを食べられる!
③時短だけど味が変わって飽(あ)きない!
筑前煮
残り物の具材に
ごはんとつゆを加えて
炊飯器で炊くと…
炊き込み
ごはん
早く
食べたーい

一日目の料理を
多めに作るのが
コツやで!
ポトフ
どっちも好きな
やつー!
残り物に
トマト缶を加えて煮込めば…
マカロニを入れて
かさ増しもありね!
ミネストローネ

節約！　時短！
おいしい！
リメイク料理!!
一石三鳥〜!!
やるっきゃ
ないでしょー！

暑い日は残り物を
冷蔵庫に入れ忘れない
ようにな
それは
気をつけなきゃね

でもまぁ
別に手の込んだ
料理じゃなくても
ええ感じじゃろ？
ママさんも
楽になるしな！

ママが
笑ってると
嬉しい！
マコも！
ユイト、マコ…

ニャン吉…
ありがとね

ニャ!

その日からトモコは…

リメイク料理にハマりました

具材を
切らなくていいし
調味料も調整する
だけだから楽ね～

今日のごはん
味が染み込んでて
おいしいね～

おかわりー

昨日のごはんの
残りで作った
のよー

リメイク料理って すごいんだね
パパも やってみる？ なんちゃって

なんかできる 気がする！
カンタンなんでしょ？
え、やるんだ

パパ 何作ってるのかな
そもそも パパって 料理できるの？
スンスン
なんか 甘いような 辛いような 香りが…

リメイクデザート できたよー

残り物のカレーで作った ホットケーキ☆
KONGARI × SPICY
攻めすぎ!!
その日、世にも不思議な味の リメイク料理が誕生したのだった

理想像はプレッシャーになってしまう

もうバレてると思いますが、**私はズボラです。**独身の頃なんて、キッチンは常に洗い物だらけ。整理整頓ができず服は出しっぱなし。洗濯物を干したら、風に飛ばされ、マンションのロビーの落とし物箱で見つかる有様。

生まれながらの家事苦手人でございます。

ですが、結婚して子どもが生まれてからは家事に対する考え方が変わりました。

「夫の方が仕事が大変なんだから私が洗い物をしなきゃ」

「子どものために栄養のあるごはんを作らなきゃ」

「家族が気持ちよく過ごすために掃除をしなきゃ」

他にもたくさんの「〜しなきゃ」「〜しなきゃ」「〜しなきゃ」。仕事も家事も育児もこなしているママ友を見るたび、**「〜しなきゃ」を増やしては、自分を追い詰めていました。**

だけど「無理」は続きません。続けるほど、あとあとになってダメージが返ってきます。

私の場合は、仕事が忙しくなり、家事ができず、家庭が荒れ、夫ともすれ違い、そのタイミングで**救急車で運ばれてしまいました。**

そのときに、ようやく夫と話しあうことができました。そして家事と考え方を見直したのです。

例えば……

「買い物に行かなきゃ」
↓宅配・ネットスーパーを利用する。

「冷凍食品は体に悪いから自分で作らなきゃ」
↓食材にこだわった宅配なら、冷凍食品でも

品質がよくおいしい。
「洗濯物は収納しなきゃ」
→家族それぞれのカゴを用意して、各自で収納してもらう。

こうやって、「〜しなきゃ」と向きあっていると、あることに気づきました。私が「〜しなきゃ」って、思ってた本当の理由は……

「いい妻、いい母、いい家族でありたいから」

もしかしたら、そういう風に周りの人に思われたい気持ちもあったかもしれない。だけど、その思いとは裏腹に、思い描いていた「いい家族」からはどんどん離れていく。

私が無理をしてイライラすると、その感情は、子どもにも夫にも伝わる。そんなことは望んでいない。私にとって本当のいい家族の姿は、みんなが笑顔で過ごすこと。それこそ無理をせず自然体で。

パーフェクトに家事をこなす人がいたとしても、私はできない。

自分が「いやだな」「しんどいな」と思ったら、それが素直な気持ちなんですよね。その素直な気持ちに向きあえたから、当たり前にやっている家事に疑問を持ち、より楽しく、幸せになるための、アイデアを見つけられたんじゃないかなと思います。

これは仕事でも育児でも同じことが言えますよね。

周りの人が、「当たり前」と受け入れていることでも、自分が「いやだな」「しんどいな」と思ったら、その気持ちは本物です。

疑問を持つことから、より楽しく、幸せになるための、アイデアが生まれます。

なので、**自分の気持ちを大切にしてくださいね。**

楽な暮らしを目指して！

家事時短で「名もなき家事妖怪」を退治しよう！

①靴下は同じものをまとめて買う！

子どものスクールソックスや夫の出勤用の靴下は
同じ種類のものをまとめて買うことで
クツシタボッチを退治することができる！

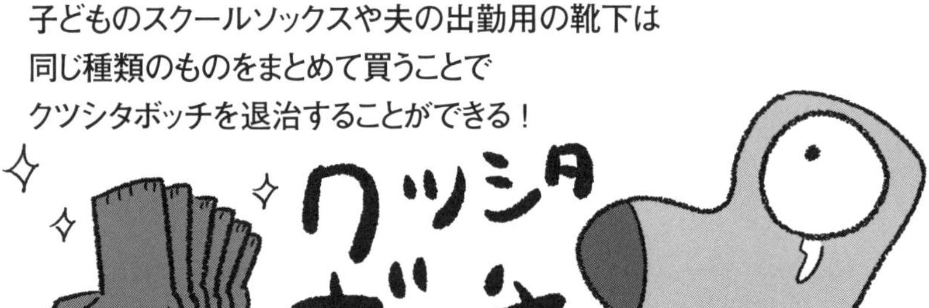

クツシタボッチ

②細かい調味料は一つの入れ物にまとめておく！

キッチンで使ったり、
家族がごはんを食べるときに使ったり、
調味料はあっちこっちに移動しやすい。
一つの入れ物にまとめておけば、
チョウミリョウバラバランを退治できる！

③ゴミ袋は複数枚セットする！

ゴミ袋のセットってめんどくさい！
でも、ゴミ袋を複数枚重ねてセットする
ことで、取り替える回数が減る！
これでゴミブクロセットセズを
退治する回数も減るはず！

他にもおすすめの時短グッズが…
もうコマに入らんからええわ
もっと家事時短を研究して、名もなき家事妖怪を退治するわよー！
おー！
仕事の作業時間も増えて収入アップー！
ほどほどにな
家事時短
ー後日ー
ズ
うっそお……
こわいこわいどうしたん
ゴミ箱に！ゴミ袋を！何枚もセットしたのに！
セ～ズー
セ～
ズ～
ニャッ
パパったらセットしたゴミ袋までまとめて捨てたのよ！

ゴミ袋5枚も
セットしたんよ!?
結構めんどくさいんよ!?
ゴッ
袋フワッフワ!!
気づくっしょ!?
おお…
ガク ガク ガク

パパに一言言わないと
おさまらへんなぁ
「ヨクモ
フワッフワノ
ゴミ袋ヲ…」
待ったー!!
カタ
カタ
カタ

怒りのまんま
メールしたら余計
めんどくさいこと
なんで!!
それは…
グウウ…ッ!!

ママさんは、パパさんに
なんで怒ってるん?
ただゴミ袋が
捨てられたから?
怒
わかりやすい
理由
本当の理由
「怒り」の中には
「本当の理由」が
隠れてることもあるで

なんそれ

「本当の理由」!?
なんそれ!!
パアンッ
はいっ
深呼吸!

私が怒ったのはぁー
せっかくゴミ袋をセットしたのに、パパが理解してくれなくてぇー…

私一人だけで家事時短をがんばってるみたいで…
寂(さび)しかった…?

せやな
せやー
スッキリや
ポン

家事時短と、家事シェアは別もんなんや
べつー
家事時短
家事シェア
べつ
家事時短することで効率(こうりつ)は上がるけど、一人でがんばってたら疲(つか)れてまうよな

家事は
家族みんなのもの
やからなー
そうね
パパに気持ちを
伝えるわ

その夜

えっ
ゴミ袋5枚も
重なってたの⁉

ごめんごめん
気づかなかったよー
ヘラ

オイ

「本当の理由」
そうでした
私一人で家事のこと
考えてるみたいで
寂しかったわぁ
すっ

でも
言われないと
気づかないよ
特に朝は
急いでるし…

ピクッ

言ってなかったっけ⁉
初耳
言わな
わからんやろ
ザッシュ
だって
フワフワ
フワフワ
でも
うう…
勝手にサボってるって
思って、ごめん
こっちこそ
忘れてごめんね
いわゆる
「すれ違い」って
やつね？
少女まんがで
見たやつ
よく知ってるね
←5キ
まぁ今回はたまたま
話しあえたけど…
どうすれば
すれ違わずに
名もなき家事妖怪を
退治できるのかな

おいらに
任せい
ワク
ワク
ガサ
ゴソ
㊙

家族のすれ違い防止
必殺アイテム!!
ジャーン!
ただの
ホワイトボード!?

ただのホワイトボード
ちゃーう!!
ブンブン
「家族シェア
ボード」や!!
家族に
伝えたいことを
書く!
ごめん
ごめん(笑)

つまり
家族のすれ違いが
減るってことだね
その通り!!
なるほどねー
使えるかもー
ただのホワイトボードだけど
ぼくも
書きたい!

それから数日後

よし!
これでオッケー!

自治会
○/○
○/○ パパ
飲み会です
パパへ
ゴミ出しいつも
ありがとう!
○月×月
ねこ友と
あそぶ
国語のノート
なくなりそう。
カレー
たべたい
ただのホワイトボードは
家族の伝言ボードになったの
でした

家事は家族で共有しないともったいない

私は、ゲームをしたり漫画を読んだりゴロゴロすることが大好きです。でも、育児や仕事をしていると、そういう自由な時間を作ることが難しいですよね。

息子が小さいときは、目を離したスキに走ったり、口におもちゃを入れたり。

仕事だって、納期に間に合わないと、たくさんの人たちに迷惑がかかってしまう。

育児も仕事も手が抜けない。じゃあどこなら手が抜ける？

家事しかない!!

そう思って**「家事時短」にハマっていた時期**がありました。

世の中には家事時短の本がたくさんあります。私は本を読み込んで、ＷＥＢでも調べて、実際に家事時短グッズを買っては、試しました。

家事時短をすることで、自由な時間が増える。仕事をする時間も、子どもと遊ぶ時間も増える。嬉しい!!

……はずなのに、なぜか心の底にモヤッとした気持ちがあって、素直に喜べない自分がいました。

そんなある日、週末にまとめて料理を作り置きしていたことがありました。

「家事時短だけでなく、家族の健康まで考えて自炊しちゃう私、いい妻～」なんて思いながら。

そしたら夫がレトルト食品を買ってきました。

「なんでやねーん!!」

怒りのツッコミ。家族のために、こんなにがんばって作り置きしたのに！　なんで、レトルト食品をわざわざ買ってきた⁉
夫は言いました。
「作り置きがあったなんて知らんかった」
なるほど、そうか。私は、作り置きをしているところを**夫が「見てた気」がして、勝手にわかってくれてると思いこんでいた**んです。
そのとき気づきました。

「家事時短と家事シェアは違う」

家事は本来、家族みんなに関わるもの。どれだけ一人で家事時短をがんばっても、家族で共有しなければ空回りしてしまう。
「そんなの、むなしい」
この気持ちが、モヤモヤの正体だったのです。
夫への怒りの理由も突き詰めたら同じ。
「本当は、一人でがんばりたくない」「家族のことなんだから、理解してほしい」

そうやって、本当の気持ちに気づいて、伝えることができると、自然と前よりも夫に怒りをぶつけることが少なくなりました。
「家事時短」をすることで、家事そのものが楽になり、「家事シェア」もしやすくなると思います。
だけど、**家事時短だけでは、家事は楽にならない**。むしろ、方向性を間違えると、一人で家事をがんばりすぎて、つらくなってしまうこともあります。
「家事時短」と「家事シェア」は似(に)**て非**(ひ)**なるもの**なのです。

第5話

便利家電のワナ

今日の太田家は何やら騒がしい様子…
ギャアアァ
ニャッ!?

なんやなんや
またやっちゃった…

これは…名もなき家事妖怪センタクモノホウチや!
ってクッサ!!
プ～ン
仕事に集中してたら、洗濯物干すの忘れちゃ
ってクッサ!!
センタクモノホウチ
洗ったまま干さずに
放置された洗濯物の妖怪

おいら今から出かけるんやけど…大丈夫か?
大丈夫よー次は忘れずに干すから!

―数時間後―

あぁあーまたやっちゃったー

あの奇声、ニャン吉のご主人じゃないの？
タマ子
陰陽黒猫
ニャン吉の同僚

げっ
ママさんまた干し忘れたな
もう用はすんだし早く帰ってあげなさいよ

―その夜―
もう限界…

乾燥機付きのドラム式洗濯機が欲しーーー!!
乾燥機がついてるから洗いおわっても洗濯機から取り出して干さなくていいーー!!
欲しいーーーー!!

でもお高いんでしょ？
20万～30万くらいかな
ボソ

高っ！

高いってどれくらい？
陰陽ライダーマンのコミック全巻買っても余るくらい
にゃんやて!?

それに今の洗濯機は
まだ使えるし…
もし買って
合わなかったら
もったいないし…
そもそも
高いものだから
よく検討を…
ねっち
ねっち
ねっちぃ

慎重なパパは
そう言うと
思ってた
フフフ

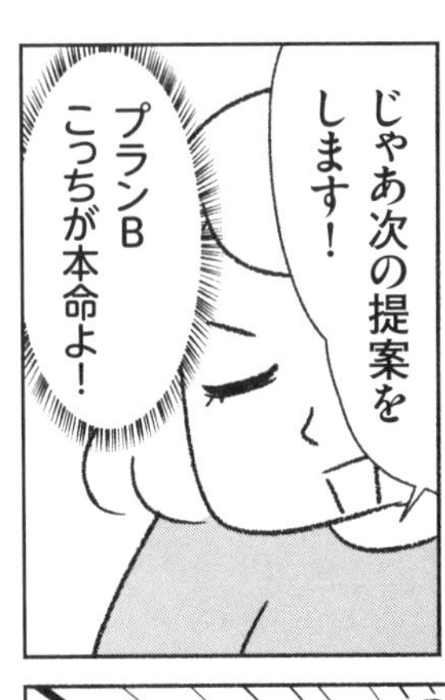

じゃあ次の提案を
します！
プランB
こっちが本命よ！

ニャン吉！
パパを、ドラム式洗濯機が
欲しくてたまらない
人間にしてちょうだい!!
困ったときの猫頼み
それ
提案じゃなくて
洗脳!!

任せぇ！
やったー！
できるの!?

いでよ！
ドラム式洗濯機が欲しい
人間にするやつー!!
カッ
コワッ

はい！
ニャ
ドラム式乾燥機付き
洗濯機買ってみた
ニャ
って、
ただの動画かーい!!

ニャン吉って
ただのしゃべる
猫だったのね
フーン
それだけでも
すごいよ
あんたらは
わかってへん
ペラ
最初は、サイズもでかいし
値段も高いしどうかなって
思ってたんだけどさ～
寒い日に外に出て
干さなくてもいいし～
洗濯機回したまま寝ても
へっちゃら～
ペ～ラ
朝起きたらフッカフカで～
今までマジなんで買わなか
ったん
ペラ
動画の洗脳の
恐ろしさをな…!!
KADEN
ペラ
ペラ

おしゃべりが
上手な人ねー
わかりやすー
最近は
ハウツー系動画が
人気らしいで

じー
あれ
めっちゃ見てる
ほらな？

確かにこれはコスパいいかも…

なんでうちこの洗濯機じゃないの

遅れてるわ

ドラム式洗濯機ってすごーい!

私の話では納得してくれなかったくせにさぁ

へーン

プレゼンはプレゼンのプロにお任せや

家電は家族で使うものやから

家族みんなで決めた方がええ!

自分たちで選ぶ方が、家電を使おうって気になるしな!

だけど大きな買い物だから
デメリットも把握しないとね
他の動画も見てみよう
パパって
こだわり屋さんな
ところがあるのよね
ピッ

この後、家族が寝たあとも、
シュンタは動画を見続けたのでした
じーー…
デメリットは
場所をとることと

そして数日後

みんなで選んだ
「ドラム式乾燥機付き洗濯機」が
届いたー!!
ジャーン
じっくり考えて
納得いく機種が
買えたね!

衣類を入れて

洗剤を入れて

スイッチを押せば…
ピ
スタート

あとは洗濯して、
乾燥まで
してくれる!
あとはオレに
任せな!

数時間後
平和な世界
楽チーン
ふかふか～
なんて便利なんだ！

センタクモノホウチも消えた！
またね～
くるな～

ドラム式乾燥機付き洗濯機…ああ、なんて心強い存在なの！
スリ
スリ
もっと早くあなたに出会いたかったわぁ

これで洗濯が楽になるね！よかった、よかった！
うん！
モヤ

その通りなんだけど…なんか「モヤ」っとする
ん？
モヤ
モヤ
モヤ

ホコリトレトレ
ドラム式乾燥機付き洗濯機で乾燥したあとに現れる妖怪

見たことない名もなき家事妖怪がいる!

こいつはドラム式洗濯機の妖怪や!

トレトレ

トレトレ

ほら
ホコリをとったら
消えた！
干すのに比べたら
楽だけど
めんどくさいね

便利な家電を買ったら
名もなき家事妖怪って
いなくなるんじゃないの？

いなく
ならへんでー
あいつらは
しぶといで
高いくせに
万能じゃないのね

モヤモヤしてた理由は
これだ…
最新家電を買えば
家事は便利になるけど
家事そのものは
なくならないってことを
家族に知って
ほしかったんだ

あんなぁ

便利な家電は
名もなき家事妖怪を
倒すための
武器であって
便利な家電
家事する人
便利な家電
倒すのは
「人」や！
そこんとこ
お忘れなく

そう考えたら
RPGゲームみたい

レベルあげたい

揃（そろ）えたくなる！

家族は一緒に戦う
仲間ね！

ワク
ワク

かくして、太田家は
名もなき家事妖怪を退治する
武器を手に入れたのでした

これから
ヨロシクな！

こっちこそ――!!

「家電選び」は必ず家族全員でやりましょう！

どれだけ家事を楽にする家電でも、自分しか使わなければ、家事の負担は変わりません。なので、我が家は**新しい家電を買うときは、家族で決める**ようにしています。具体的には家族がくつろぐリビングで、家電レポのYouTubeを見たり、通販番組を見ます。

やっぱり、お話のプロの方は違います！「家事はこれだけ大変！でもこれを買ったらこんなに楽な生活になる！」という、直接言いにくい本音を、代わりに話してくれます。我が家では「ジャパネットたかた」が高確率で流れています（笑）。

ちなみに私は夫や子どもが欲しがる家電を優先的に買うようにしています。**自分で選んだものは愛着がわきます**もんね。

実際に家族で決めて買った家電は、使い始めてからも「これを選んでよかったね」「もっと早く買えばよかったね」など感想を言いやすいです。

それでは**実際に、私が買ってよかった！と思う、家事シェアがしやすくなる家電**を紹介します。

☆**ドラム式乾燥機付き洗濯機**

高額ですが買ってよかった！寝る前に洗濯物を入れたら朝にはフカフカ。雨の日も嵐の日も関係なし。**早く乾かせて衣類が縮まないパナソニックのドラム式洗濯乾燥機**を愛用しています。

☆**食洗機**

お箸(はし)もお皿もまとめてピカピカに。食器は食洗機で洗える専用のものを買いなおしました。また**食洗機を取り入れてから手荒れがよくなりました。**食洗機がない生活には戻れないです。

☆**ロボット掃除機**

平日に自動で掃除をしてくれるので、休日に家族の時間が増えました。床に物を置かないようにするのは面倒ですが、キレイな部屋がキープされるし、息子もおもちゃを吸い込まれないように積極的にお片付けをするようになりました。**水拭き機能付きのKyvol**を使用しています。満足度◎！

☆**電気圧力鍋**

食材をセットしてスイッチを入れれば、ほったらかしでOK。加圧されるので料理もおいしい！　でも**ファミリーサイズになると炊飯器ほどの大きさ**なので、保管場所を考えて購入を検討しましょう。

☆**ウォーターサーバー**

子どもが自分から水を飲んでくれるようになりました。毎日の水筒の準備も楽チン。温度調整も簡単なので**赤ちゃんのミルク作りも楽**です。デメリットとしては、ボトルの保管場所の確保や宅配に対応する必要が挙げられますが、うちは水道直結型の「ウォータースタンド」なのでその心配もありません。

☆**自動ゴミ箱**

手をかざすと自動でフタが開く。これは本当に買ってよかった！　料理をするときって結構ゴミが出ますが、**手が汚れていたり濡れていたりでフタを開けられないときが多い。**そのストレスがゼロになりました。

以上が、私のおすすめの家電です。いかがでしたか？　ぜひみなさんの「買ってよかった！」家電も教えてくださいね。

第6話
子どもと家事

今日はシュンタが休日出勤のようです
出来るだけ…早く帰るから…
ダバ
大丈夫だから！仕事がんばって!!

数時間後

ド
やっぱり大丈夫じゃねー
センタクモノオキッパ
洗濯物を畳まず放置していると現れる妖怪

えいっ
ポ

ボ
ヒャ〜
※畳んだばかりの洗濯物

オイ
ニャ

もーっ
遊んでばかり
いないで
ちょっとは
手伝ってよ!!

ビクッ

うっ
ママが怒った…
ぐすっ
ごめんなさい…
しゅん…

あっ

また
やっちゃった…
私だって
本当は子どもたちに
怒りたくないのに…

その気持ち
わかるで!
育児は大変やんな
飛んできた
やつが言う?

せやけど
「手伝いなさい」って
言われても
やる気にならんでー

ぐふうッ

例えばやけど

もし、パパさんに
「片付けろ！」って
言われたらどう思う？

そんなこと言われないよ！

おい
片付けろや！

戦（いくさ）じゃあ

ゴ

絶対一生言われない

注:イメージです

ニャンニャン
子どもが自ら家事を手伝う呪文(じゅもん)…
それは…!

ぼそぼそぼそ
ふんふんふん

ゲームシスーギ
ゲームを長時間プレイすると現れる妖怪
シスーギ
シスーギ
キャッ
キャッ
ちょっといいかな
すっかり立ち直っとる
人間の子どもはタフや

君たちに「ミッション」があります!!

あ、こっち向いた!
くるっ

ここに洗濯物の
山があります！
これをキレイに
片付けることが
ミッションです！
ユイトは
靴下ペア探し隊長！
マコは
タオル探し隊長に
任命（にんめい）します！
リクエストあったらどうぞ！

僕は…
私は…
隊長!!
ノリノリだ!!

靴下発見！
私の方が
早いもんね！

さっきまで全然
興味なかったのに…！
声かけ一つで
こんなに変わるんだ！
せやねん

名もなき
家事妖怪が
子どもらと
話してる？
？
まぁええか

子どもが家事を手伝う意欲を上げるにはポイントがあんねん！

ポイント1
子どもが憧れるような肩書きで呼ぶ
子どもたちはゲーム感覚で楽しめる！
家事お助けマン
お手伝い隊長
私も怒るよりこっちの方が楽！

ミッション完了しました！
シッ
ビ

ありがとう！
二人のおかげでママは助かったよー！

ポイント2
親が子どもにちゃんとお願いして、感謝する
もう終わり？
まだできるよ？
またがんばろうって思えるやん？

ポイント3
最初は簡単にできるお手伝いから始める
自己肯定感
UP!
成功体験を重ねると自己肯定感にも繋がるで

その夜

ただいまぁ…

ガラ…

ん？

家がキレイ！

おかえり！
子どもたちが一緒に
名もなき家事妖怪たちを
退治してくれたのよ

そ…そんな…
この前まで…二人とも…
ハイハイしてたのにぃ…
アハハ
子どもの
成長って早いね

今は、妖怪退治に疲れて
ぐっすり寝てる
そっかぁ
ママもお疲れ様

すぴー

すぴーー…

ユイト…
マコ…
名もなき
家事妖怪さん
どうしたの?
しゃべっとる

君タチガ
僕タチヲ退治シタカラ
ママトパパハ
キット喜ンデルヨ…
喜んで
くれたかなぁ
子どもたち、お疲れ様
いい夢を見てね

子どもたちのやる気が出る！家事を楽しむ術

もうすぐ小学校高学年になる息子が、少しずつ家事を手伝ってくれるようになりました。といっても、自ら家事をするタイプではありません。自分が「楽しい！」と思えることじゃないと動かないタイプです。私と同じく。

息子に家事を手伝ってもらえたら嬉しいし、どうせなら無理してではなく、楽しく取り組んでほしい。（そしたら、いつか積極的に家事をしてくれるようになって私は楽に……）

ということで、**子どもが家事を楽しめる工夫**をしてみました！

・子どもが憧れるような肩書きで呼ぶ

「お片付け隊長！　ママとどちらが早くお片付けできるか勝負だ！」

「このテーブルの上に、やり残してるミッションがあります！　なんでしょうか？」

などなど。**ごっこ遊びのように家事**をします。ポイントは親がどれだけ本気でその役に「なりきれるか」です。恥ずかしがると効果が減ってしまいます。楽しみましょう。

・親が子どもにちゃんとお願いして感謝する

子どもが納得して家事を手伝ってくれるように、**具体的に理由を話して感謝する**ようにしています。なぜ家事をしてほしいのか？　どれくらい困っているのか？　やってもらえたらどれだけ助かるかを伝えます。そして、家事をしてくれたときは、心の底から感謝を伝えます。**とびっきりの笑顔で！**「〇〇が掃除をしてくれて、ママは他の家事ができて助かったよ～！

本当にありがとう!!」って。言葉と態度でめいっぱい伝えるようにしています。

・最初は簡単にできるお手伝いからお願いする

子どもの成功体験は自己肯定感を満たし、「次はもっとやってみたい」という向上心に繋がります。なので、まずは、簡単な家事から手伝ってもらうことを意識しました。

例えば、料理のお手伝いだったら、「野菜を洗う」だけでOK！ 感謝の気持ちをたくさん伝えます。子どもからしたら物足りないかもしれませんが、だからこそ「**もっと手伝いたい」と自ら意欲を持ってくれやすくなります。**

最初は子どもが楽しめるように考えたものでしたが、いざやってみると、意外と私も楽しんでいます。それまで、私は家事が嫌いだと思いこんでいたけど、本当は、家事そのものより、**「一人」で家事をすることが嫌い**だということに気づきました。

正直、慣れない子どもに手伝ってもらうより、自分がやった方が早く終わると思います。でも、そのままだとずっと一人で家事をしなければいけない。家事シェアは始まらない。

将来的なことを考えたら、子どもに家事を教えて、スキルアップしてくれた方が、私自身も楽になる。

それに純粋(じゅんすい)に、子どもが最初できなかったことが一つ一つできていく様子を見るのは、とても嬉しくて。私が感謝の気持ちを伝えると、息子もとても喜んでくれます。

その時間が、家事シェアの醍醐味(だいごみ)だなと思います。

第7話

家事と声かけ

今日は何やら
トモコが浮かない様子…
ぐでーん
お世話になります。
納品まだですか？
シゴトガ
オワンナイ…

ハラヘリグーグー
夕方などに気まぐれに
出現する
もう、こんな時間!?
急いで夕飯の準備
しなキャアー
グー
グー
グー
ママ〜
お腹へった〜

スパーン

今日は
僕が作るよ！
パパが!?

じゃあ
任せようかな
任して!!

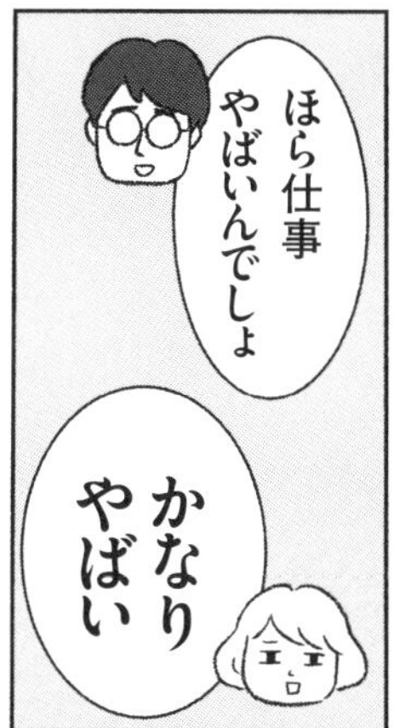
ほら仕事
やばいんでしょ
かなり
やばい

KONGARI × SPICY
攻めすぎ
前作
だって
この前…
失敗した
じゃん
え、何?

チョウミリョウドコイッタン
調味料や調理グッズを
どこかに隠してしまう妖怪
ってあれ?
フライパンってどこ?
調味料も
ないし
どこ～～?
大丈夫かなぁ

—1時間後—
できたよー
わーい!

めしあがれ〜！
ドドーン
おおう

これは…？
オムライス！
BOMB…
ボム（爆弾）ライス…？

自己流で作ったから見た目は微妙だけど味はおいしいと思う
その自信いずこから？

食べた！
パクッ

ズバァ
おいしくな〜い
ゴリ
にがいかたい

子どもは
素直…!!
おいしくない
にがいみたい

腹をくくって
私も…
もぐ
もぐ

まっ…
ずー!!
「まっ」…?

え、えーーーっと…
「まずい」って言ったら
傷つけるし…
でも実際
おいしくはないし…
ま、摩訶不思議な
味…?

グッサ
おいしくない
苦いかたい
グッサ
摩訶不思議な味
グッサ
あかん
かった？

ガラ
このマンガの
続きどこー？
ニャン吉！
いいところに！

ちょっと
こっち来て！
ダ

ニャン吉がマンガ読んで
引きこもってる間に
かくかくしかじかあったのよ
ズーン
だからパパさん
ぺちゃんこなんか
はい
続きのマンガ

やっぱり料理は
私がやった方が
いいのかなぁ
ハー
それがいい
ママの
ごはんの方が
おいしい

…………

…………

ところでママさんはいつ料理はじめたん？
高校生のときかな父と母の結婚記念日に料理を作ろうと思って
ママいい子ー
でも、うまくいかなかったのよ
ブフォッ
煮すぎて味が濃い筑前煮になっちゃった
ママでも下手くそだったの？
そうなのーすっごくまずくって！
でもママのお母さんと、お父さんは…
作ってくれてありがとうな！
がんばったわねー！
水で薄めたらいいのよー
褒めてくれたっけ…
……そっか
パパも、料理をするのはほぼ初めてなんだから、
うまくできなくても仕方ないことなのよね
！

慣れないことなのに
がんばってくれたことが
嬉しかった…
その気持ちは
伝えられたはずなのに…
たとえ
ボムライスでも

そうだよね！
初めて自転車に乗れたとき
うまく漕げなくても
パパは褒めてくれた！
すごい！
その調子！

クラスのタカシ君に
ラブレターを書くとき
うまく書けなかったけど
パパは教えてくれた
「大好き」が
「犬好き」に
なってるゥ
ぬれるから
泣かないで
そんな
ことが

ここで言ってても
パパさんは落ち込んだままやで

パパー！
ん？

パパ！
がんばってくれてありがとう！
…！

ありがと…
次がんばる…
うん！

サラダは普通だったよ
大丈夫パパ負けないから
次はちゃんとレシピ通りに作ってね
何と戦ってるの

家事シェアがうまくいく魔法の声かけ

家族が「いい感じ」で家事シェアができるように心がけていることの一つに**「声かけ」**があります。

同じことを伝えるにも、**言い方一つで、相手のやる気を出したり、失わせたりします。**これは夫婦、親子、仕事関係でも同じことが言えます。

シュンタのように、家事を手伝ってくれることは嬉しい。でも手伝ってくれることで、負担になることもあります。

夫も、最初は料理が全くできませんでした。

味噌汁がすっごく辛かったり、卵焼きに卵の殻が入っていたり、カレーにじゃがいもが丸ごと入ってて固かったり……。

私はその都度「なにこれまっず!」という本音をぐっと抑えました。

だって、私自身も最初から今のように料理ができるわけじゃなかったから。

それは誰だってそうだと思います。はじめから、うまくできることの方が難しいです。

夫の料理は、結果としては失敗かもしれない。だけど、**慣れないことなのに、がんばってくれようとした**こと。

その行動、その気持ちに感謝をし続けました。

でも、まずいもんを食べさせられ続けるのも嫌だから、意見も言います。

ただ、次のように否定的に言うと……

「いやいや、じゃがいもは火が通りにくいから、じっくり煮込むとか、小さく切るとかするでしょ普通~」

二度と、料理をしてくれないかも。

なので、**先に感謝して（または褒めて）から、意見を言う**ようにします。

「作ってくれて、ありがとう！　嬉しい！　でも、じゃがいもは火が通りにくいから、じっくり煮込むか、小さく切る方がさらによくなるよ〜」

どうですか？　同じことを伝えているのに、受け取る気持ちが全然違いますよね。

そうして、夫が料理に挑戦するたび感謝し続けていたら、少しずつ上達して、今ではもう、私より料理がうまくなりました。

それとともに、私の声かけスキルも、グルメリポーターのように上がっています。

「うわぁ〜！　この卵焼きフッカフカや〜！　作ってくれてありがとう！」

「なんて！　おいしいチャーハン！　いつでも王将に転職できるわ〜！」

なんてあまり大袈裟（おおげさ）に言うと、たまに疑われるときもあるんですけど……。でも、きっと照れているだけなので、これからも言い続けます。

言葉の力は、思っているより大きいです。

特に**「ありがとう」という言葉は、どんどん使ってください。**

家事シェアがうまくいく魔法の言葉です。

第8話 家事と仕事、どっち？

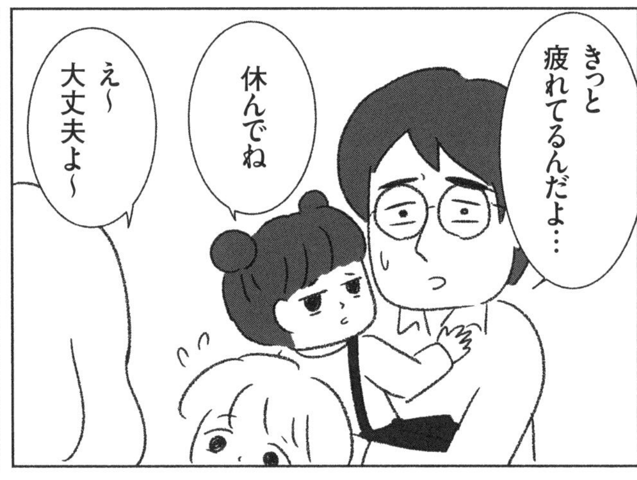

大丈夫だってばー
気遣い猫さんね☆
←裏返し
いや
猫でもわかるくらい
ママさん変やで
バレバレかー
もう諦めて
言っちゃえ
実はね、産後に会社を辞めて
フリーランスのデザイナーで
働いてたんだけど
今度
大きなプロジェクトチームに
誘われたの
よかったやん！
何を
悩んでんねん!?
この仕事を受けたら
打ち合わせで3日間、
家を空けることになるのよ
プロジェクトが
始まったら、
家事も
できなくなるし
家庭もうまく
回らなくなる気がして…

それに今、お父さんがぎっくり腰になって実家にも頼れないし…
スマン…
しばらくお父さんのお世話しなきゃ
なんてバッドなタイミングなんや…！
家族のために自分のやりたいことを我慢しようとしてるんか…
やさしいママさんらしいなぁ
せやけど…
答えを出すのは早いんちゃう
おいらはママさんの「本当の気持ち」を大切にしてほしいわ
それにもし、仕事を諦めても、「家族のために我慢した」ってあとから思うんちゃう〜？
あー…それはそうかも…
私の
「本当の気持ち」かぁ…

その夜
そわ
そわ

そわ
そわ

もどかしーなー
みんなーっ
ママさんの話
聞いたってー！
ちょっ

何なにー？
えーっと…

新しい仕事を
頼まれたんだけど、
それを受けたら3日間
家を留守にすることになるし
今より忙しくなって
家のことが
できなくなるかも
しれなくて…

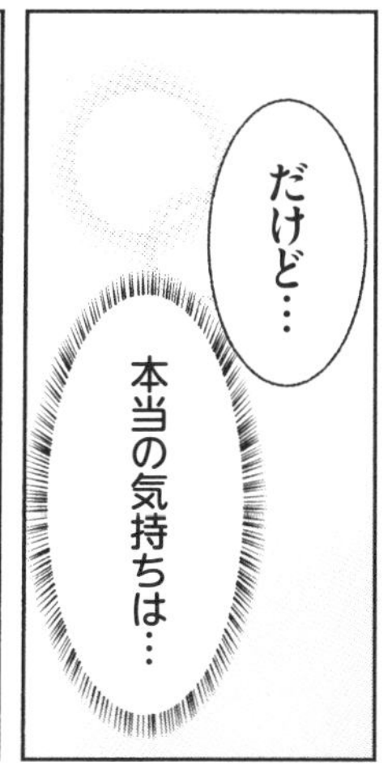
だけど…
本当の気持ちは…

前から
やってみたかった
グルメ雑誌の
仕事なの！

す

すごーい!!

かっこいいね!
ママ食べること大好きだもんね
私もだけど

ママがいない3日間、名もなき家事妖怪退治は任せて!

みんな…
言ってよかった…
ありがとう!

さてさて、
シュンタと子どもたちは
無事に名もなき家事妖怪を
倒せるのでしょうか？

子育てしながら働くことに罪悪感なんて抱かなくていい

主婦で、フリーランスでお仕事をされている方向けのイベントに呼んでいただくことがあります。そこでたくさんの人とお話しして、気づいたことがあります。

主婦の方は、「罪悪感」を抱いていることが多い。

働きに出たいけど、子どもを保育園に預けたら寂しがるかも。

夫の方が稼いでいるから、無理してでも私が家事をがんばらないといけない。

周りのお母さんたちに比べたら、私はできないことばかり。

私自身も、「罪悪感」を抱いていた時期がありました。私が働くことで、子どもが寂しい思いをしてしまうかも。家事の分担でもめて、夫と仲が悪くなってしまうかも。実際、仲悪くなっちゃったんですけど。

新しい生活をすることは、楽ではなかったし、夫ともたくさん、すれ違いました。

でも、あのまま「本当の気持ち」にフタをしていたら、「罪悪感」が私一人の中でどんどん膨れて、望んでいない未来に繋がっていたと思います。

今は、不仲になる前より、絆が深くなりました。

それは「本当の気持ち」を家族にシェアできたからです。

夫には、仕事をしたい理由をより具体的に。

息子は当時、幼稚園児でしたが、目を見て話しました。

「私は、家族が〝いい感じ〟になるような本を作りたい」

「ママは忙しくなってしまうかもしれないけど、ソウくんのことが大好きだからね」

大人が真剣に言うと、子どもなりに理解しようとしてくれます。

聞いてないようでも、あとからわかってくれるときが来ます。

小学校高学年になった息子は、私が仕事をサボっていると注意してくるくらいです。

こちらが「本当の気持ち」を言うと、相手も言いやすくなります。

こちらがイライラしながら言うと、相手もイライラしてしまいます。

こちらが思いやりを持って話せば、相手も思いやりを持ってくれます。

人は鏡のような存在だと日々感じます。

本当に伝えたい気持ちこそ、丁寧(ていねい)に伝えることを心がけてみてください。

おしゃべりな性格じゃない夫も、私が仕事の話をするようになると、前より話してくれるようになりました。

そうやって、たくさん気持ちをシェアすることで、自分の中で膨れ上がっていた罪悪感は薄れ、家事シェアも少しずつ、できるようになったのです。

第9話 お母さんのいない日

ハラヘリグーグー
お腹がへったら
鳴き出す妖怪
テレビミスーギ
テレビ番組や動画などを見続けると
現れる妖怪
デンチキレッパ
電池が切れたときに
現れる妖怪
ムギチャカラッポ
麦茶がカラッポに
なると現れる妖怪
クツシタマルマル
靴下を脱ぎっぱなしに
すると現れる妖怪
カッタモノホウリッパ
放りっぱなしにされた
買い物袋の妖怪
名もなき家事妖怪
多すぎー！！

こんなにたくさんの
名もなき家事妖怪が
いたなんて…
どうしよう

ザク
パパさん悩んでる
暇ないで!!

ほら
ごはんできたよ!
おそいー
おなかすいたー

着替えの服
どこー!?

お味噌汁
こぼしちゃった
えっ

寝る前にお風呂…って
その前に湯船洗わないと!
ユイト
宿題やった!?

遊びは終わり!!
もう寝
ブフォッ
ゴッ

ネカシツケーノ
子どもが寝るのを
邪魔する妖怪
ハアァ
やっと寝てくれた…
すぴ
ホ゛ロ

ハアァー

これあと
2日続くからな
グヘェ

そういえば…

僕が会社から
帰ってくるとき
おかえり
子どもたち
寝たとこー
笑顔で
迎えてくれてたなぁ

次の日も
その次の日も
シュンタは名もなき家事妖怪退治を続け…
トモコも家族と離れている間
仕事に励みました

フゥー
やっと明日
ママさんが
帰ってくるなぁ
そうだね…

なんやその反応ー
嬉しくないいんか?

ダアッ
嬉しいわぁ!!
泣くほどか

だけど…

僕は家事をしてる
夫だと、どこか
自信があったんだ…
もしや
脱ぎっぱなしにしたシャツ!?
脱ぎっぱなしの
え?
(驚)
残り物のカレーで作った
ホットケーキ☆
攻めすぎ!!

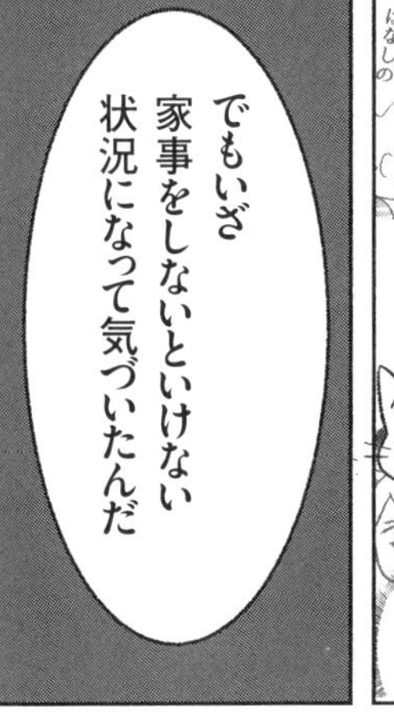
でもいざ
家事をしないといけない
状況になって気づいたんだ

僕は、洗濯物を畳んだら
あとはただテキトーにしまえば
いいと思ってた
片方しかないー
つっ
でもそうすると
次に使うとき、同じ場所に
なくて困るんだ

家事は
「継続する」もの
やからな

名もなき家事妖怪たちは
一度退治したら終わり
じゃない
スエナガク…
ヨロシク…
生活する限り
ずっと、付きあって
いかなあかん

ん?

……

パパさん
お疲れ様やで
ぐうう〜

ただいまー！

ママおかえりー!!
二人ともいい子にしてた？
ダッ
タッ

おかえり……
ズーン
新種の妖怪かと思った…

ん？

バローン
どえらいことになっとるー!!

正直
仕事やりきって
フラ〜
名もなき家事妖怪を
やっつける力なんて
残ってねぇ…

でも家を留守にしたし
そんなこと言えない
パッ
…がんばってくれて、
ありがとうね！

いや〜
大変だったよー
あ、
寝てた…
仕事は
どうだった？

おかげさまで
プロジェクトを任せて
もらえることになったよ！
よかったー！

もう出張
行かないよね？
今日からママの
ごはんが食べられるのね
やっぱり
ママがいると
安心するね

郵便はがき

お手数ですが、
切手を
おはりください。

1 5 1 0 0 5 1

東京都渋谷区千駄ヶ谷 4 - 9 - 7

(株) 幻冬舎

書籍編集部宛

ご住所　〒 都・道 府・県	フリガナ お名前
メール	

インターネットでも回答を受け付けております
https://www.gentosha.co.jp/e/

裏面のご感想を広告等、書籍の PR に使わせていただく場合がございます。

幻冬舎より、著者に関する新しいお知らせ・小社および関連会社、広告主からのご案内を送付することがあります。不要の場合は右の欄にレ印をご記入ください。　不要 □

本書をお買い上げいただき、誠にありがとうございました。
質問にお答えいただけたら幸いです。

◎ご購入いただいた本のタイトルをご記入ください。

『　　　　　　　　　　　　　　　　　　　　　　　　』

★著者へのメッセージ、または本書のご感想をお書きください。

●本書をお求めになった動機は？

①著者が好きだから　②タイトルにひかれて　③テーマにひかれて
④カバーにひかれて　⑤帯のコピーにひかれて　⑥新聞で見て
⑦インターネットで知って　⑧売れてるから／話題だから
⑨役に立ちそうだから

生年月日	西暦　　　年　　月　　日（　　歳）	男・女	
ご職業	①学生	②教員・研究職	③公務員	④農林漁業
	⑤専門・技術職	⑥自由業	⑦自営業	⑧会社役員
	⑨会社員	⑩専業主夫・主婦	⑪パート・アルバイト	
	⑫無職	⑬その他（　　　　　）		

ご記入いただきました個人情報については、許可なく他の目的で使用することはありません。ご協力ありがとうございました。

忙しくなりますが
スケジュールは
大丈夫ですか?
家族も理解して
くれてるので
大丈夫です!

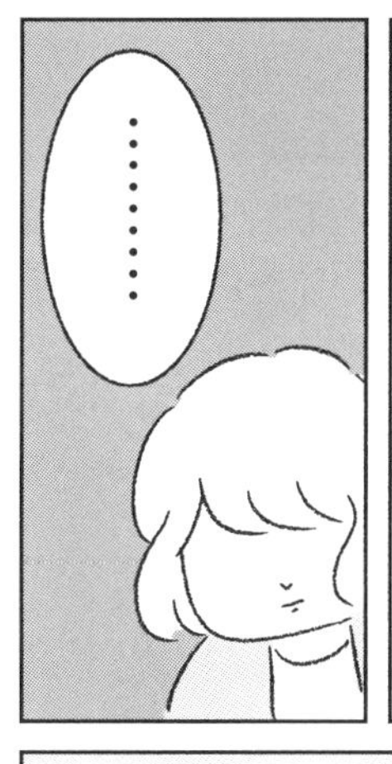
………

ありがとー
ママ
がんばるからね!

ニャン吉も
本当に
ありがとうね!
ママさん

さてと…

かくして、
さまざまな想いを秘めながら
トモコのいない3日間が
過ぎたのでした

やらざるを得ない状況になったときに家事スキルは上がる

家事ができない夫と、家事を一切しない父が、家事をはじめたのは同じ理由でした。それは、「家事をせざるを得ない状況になった」から。

夫の場合は、**私が妊娠中に安静の指示が出された**ときに家事をはじめました。

医者から、「低置胎盤で母子ともに危険。トイレとお風呂以外は歩いてはいけない」と、言われたのです。

私は情緒不安定になり、毎日泣きながらベッドの中で過ごしました。家事なんてできる状態ではありません。

一方で、**夫はそれまで、家事をほとんどしたことがありません**でした。独身の頃は寮で暮らしていて、料理はしたことがなく、会社の作業着も会社がクリーニングしてくれていました。毎日、外食だから洗い物もない。

そんな夫が、会社から帰宅したあとに、家事をしてくれるようになりました。

最初は慣れない姿を見て、落ち着きませんでしたが、がんばってくれている様子が嬉しくて、私の気持ちも落ち着いていきました。不思議なことに、そのあと安静の指示も解かれて、無事に元気な息子と出会うことができました。

そして父の場合も同じような理由で家事をはじめたのです。**母が脳梗塞になり入院**したことが、家事をはじめたきっかけでした。

父は、**根っからの昭和の頑固親父**。「男は働くもの！」「女は家事をするもの！」それが当たり前の時代に育った人でした。

私は母が退院したときのために、実家を掃除しようと帰省しました。

「父は一切家事をしないし、きっと、家は荒れているんだろうな～」と思って。でもいざ、家のドアを開けると……。

廊下にホコリがない……。

冷蔵庫に麦茶がある……！

洗濯物、干してるー！

父が家事をしていたんです。しかも、家事を知らなすぎて、洗濯物をすべて手洗いしていました。

その様子を動画に録って入院中の母に送ったら、母はとても喜んで、その日からみるみる回復し、退院することができました。医者から「回復するのはお母さん次第」と聞いていたので、驚きました。

とても不思議なことだけど、父が家事をしてくれたことが、よっぽど嬉しかったのだと思います。

私も母も、命に関わるような大変な思いをしましたが、それはこの先、パートナーと長く付きあっていくためにも、経験してよかったことなのかもしれません。

だからといって、家事シェアをするために無理やり体調を崩したろ！　なんて思わないでくださいね。健康が一番大切です。

でも、**「家事をやらざるを得ない状況」を作ってみるのはいいかもしれません。**

トモコのように、仕事で出張があったら、家族に家事をお願いしたり。たまには友人と旅行に行ったり。少し体調が悪いなと感じたら、大袈裟に寝込んでみたり。

私が家事をしなければ家庭が回らない、と心配してしまうかもしれませんが、やらざるを得ない状態になって、ようやく本気で家事シェアに向きあう人もいます。

家族を信じてみるのも、いいと思います。

第10話

理解されない家事

トモコの出張から1ヶ月
もうこんな時間!?
仕事に復帰したトモコはとても忙しい日々を送っていました

マコの幼稚園のお迎え行かないと!
いや先にユイトの習い事送迎!?
でも仕事も全然終わってないし!!
どうしよ!!

とにかく準備して…
ダッ

げっ
ドーン
ショクブツカレカレ
水分が不足すると姿を表す植物の妖怪
カップノミッパ
飲みっぱなしで忘れられたカップの妖怪
タベノコシホウチ
テーブルにはびこる食べ残しの妖怪
シャツウラガエーシ
裏返しになったシャツの妖怪
オモチャダシッパ
片付けられてないオモチャの妖怪

パパさ
最近あんたたちのこと
全然退治してくれなく
なったよね…
ハァ…

ママがいない3日間、
名もなき家事妖怪の
退治は任せて！
あの言葉は…
一時的なお手伝い
のつもりだったのかな

このままだと
家が回らなくなる
会社員のパパの方が
安定して働いてるし
やっぱり私が
仕事をセーブした方が
いいのかな…

ていうか、ニャン吉は
どこ行ったんだろ？
たまにフラッと
出かけるのよねー

その頃、ニャン吉は…
幻夏舎

給湯室

…………
なぜ、ここに?
それは…
「陰陽ライダーマン」の試写会を見るためにパパさんのカバンに忍び込んだんや!
ニャン!
うちから出版してる漫画のアニメ…!
映画化!!
陰陽ライダマン
タイムセールを邪魔する妖怪をやっつけろ!!
おいらの憧れ♡
パパさんいい仕事してるで!!
バチンッ
ありがとう?

太田ー！
熊野さんだ！
カバンに隠れて！
げ！
コンコン

明日までに会議の資料まとめとけよ！
シュンタの上司
熊野

…は、はい
え〜〜〜っ
今日こそ、早く帰ろうと思ってたのにぃ!!

あっ
料理のおじさんユウジ オススメレシピ！

お前、料理の本担当だったか？
いやぁ最近妻が忙しいので料理しようかなーって

男が家事なんて情けない！
男は働いて家族を守るもんだ！
嫁の稼ぎに負けないように今以上に仕事に励めよ！

グエッ
にゃんやそれ…

考え方フッル!!
オーマイニャア!!
そんなんじゃ家族に愛想尽かされるで!?

うわーーー!!
すみません!すみません!!記憶飛べー!!
がりがりがり
ガーがりーがり
おお?おおお…

あれ? でも猫がしゃべってるのにこの反応…
自分のとき

わかったらいい
はーい

もしかしてニャン吉って他の人には見えてない!?
声も聞こえない!?
しれ
そういうの気分次第
陰陽猫やもん
早く言ってよ!!

それにしてもパパさん大変やなぁ…

「家事シェア」を理解できない人って結構いるよ
熊野さんは仕事一筋だから考え方が違うんだろうね
仕事では頼りになることもあるよ

オイラアイツキライ呪ウ
ニャン吉印結ぶのやめなさい

でもさもしかしたら僕だって
ニャン吉と出会わなかったら熊野さんと同じようになってたかも

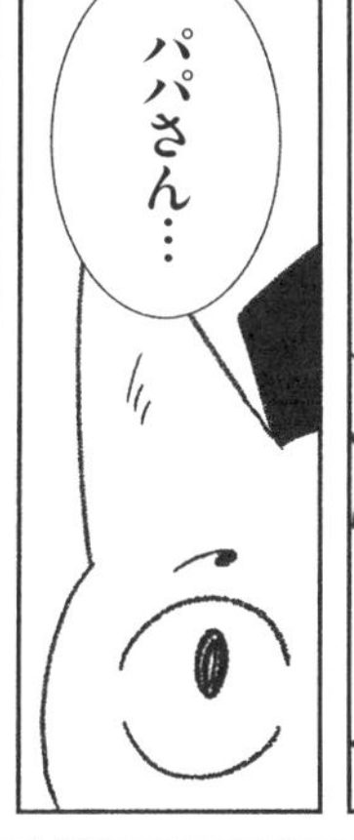
パパさん…

まぁしんどいけどね声も態度もでかいし普通に話せって思うよね仕事も残業させる気でやらせるし飲み会で奥さんと会話してないってぼやいてたしうまくいかないの納得だよねあんな
手伝うからはよ帰ろ
ネチ
ネチ
ネチ
ネチ

―その夜―

結局遅くなっちゃったなぁ
ボロ…

みんな寝たかな…？

くかー

うわ…
おかえり
ドローン…

最近
帰りが遅いね
カタ
カタ

あーうん…
そうだね
カタ

私の仕事…
応援してくれるって
言ったよね？
カタ
カタ
…言ったっけ
なんかもう
疲れたな…
カタ

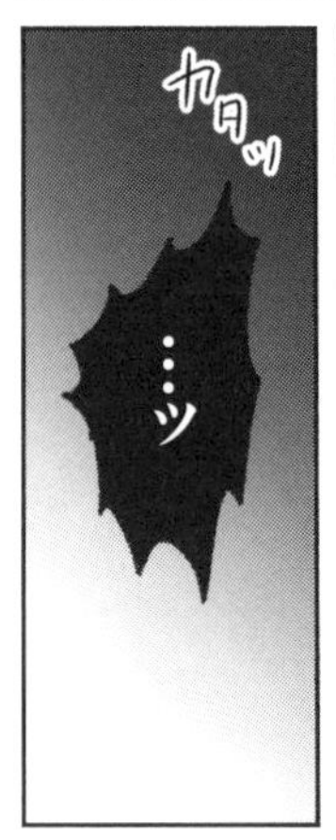
カタッ
…ッ

言ったよ…
なんで忘れるの?

もー
責めないでよ…

なんで理解してくれないの!?

何それ!
どうせ私が一人で
家事したらいいんでしょう!

そんなこと一言も
言ってない!

僕だって
もう疲れて

私だって
疲れてるよ!!

ちょっ ええっ!?
めっちゃケンカしとるやん!!
寝てる間に!
どうしたの?
子どもが起きてきたー!
ニヤッ
二人とも落ち着いてや!
だって!
ニャン吉が言ったのよ!
私の気持ちを大事にした方がいいって!
でも結局…
私が働き出したら全然うまくいかない
こんなことになるなら仕事を断ればよかった!

言葉が…

止まらない…！

この夜、太田家は悲しみに包まれながら眠りにつきました

家事シェアは相手の立場に寄り添うことから

まだ、子どもが小さくて、**夫とも家事シェアができずギスギス**していたころ。

夫が不機嫌なときがあると、**「私が家事ができていないからだ」と、自分を責める**ことがありました。そんなこと言われてもいないのに、勝手に思い込んでいたんです。

その気持ちを夫にぶつけると、さらに仲が悪くなる。それならと、その気持ちを内に秘めておけば、さらにしんどくなる。

でも、私が家事を一人でしながら働きすぎて、体調を崩したとき、夫と素直な気持ちで話すことができたんです。

そのときわかったのですが、夫は、家族を養(やしな)わなければいけないとプレッシャーを強く感じていて、そのストレスで不機嫌な表情をしていたみたいです。

「子どもが小さいのに、転職をしたこともあり、がんばらないといけないという思いがあった」

「会社でミスをした日は、不機嫌になってしまったかもしれない」

「でも転職した手前、私に愚痴(ぐち)をこぼしたくなかった」

私のせいで怒っていたのではなかったのです。

夫の、正直な気持ちを聞いて、私は独りよがりだったことに気づきました。

確かに、家事を一人でするのは大変。

だけど、家族を一人で養うのも違う大変さがあります。

私は、夫が転職する前に少しだけ、大黒柱になったことがありました。

それはたった数ヶ月の間でしたが、家族を養うというプレッシャーはとても重くて、短期間だから、できたのだと思います。

そんな重たい責任を、夫は結婚したときから、ずっと抱えていてくれたのだと知りました。不器用だけど、それは夫の「思いやり」の一つだと思います。

それからは、夫が不機嫌なときも、「会社でしんどいことがあったのかなぁ」と思えるようになりました。気持ちが変わると、態度も変わります。夫が不機嫌そうなときは、

・さりげなく会社であったことを聞いてみる
・一緒に楽しいことをする（ドラマを見たり、ゲームをしたり）
・そっとしておく

そうやって私が態度を変えると、夫も気分を切り替えられるのか、ぶつかることが減りました。

「忙しい」という漢字は、「心を亡くす」と書きます。家事や仕事で忙しくなると、お互い思いやる余裕がなくなります。不機嫌になって、ぶつかってしまう。

夫が不機嫌なのも、自分が不機嫌なのも、相手が原因なのではなく、忙しすぎて心を失ってしまってるだけかもしれません。

まずは、休んだり、好きなことをしたり、気分を変えてみるのもいいと思います。

親と家事

第11話
親と家事

トモコとシュンタは家事シェアがうまくいかず
気まずい日々が続いておりました

そんなある日のこと

お母さん 子どもたちを預かってくれて、ありがとねー
そろそろ出発するぞー
いいのよ～ お父さんも喜んでるし

それに今日は、あなたたちにとって大切な日でしょ？

…まぁね

お兄ちゃん
ニャン吉
元気ない
一緒に行こう
ぐて〜

シュンタ君は
どうした？
今日は休日だろ
仕事なの
………

楽しんで
きてね！
ニャン吉も…
行って
きまーす
ぐでぐで

ブー

さてと
今日の予定は…

本日の予定
・A社デザイン納品
・結婚記念日

祖父母の家

二人とも
元気ないわねぇ
テストで
0点とったか?
そんなバカ
じゃないです

ママとパパ
ケンカしてるの
僕たちの
前では
普通にしようと
してるけど…
バレバレ
よね

あらまー
どうしてケンカ
しちゃったのかしら

ニャン吉が
ママもパパも忙しくて
名もなき家事妖怪の退治が
できなくなったからって
僕たちが
家事のお手伝いを
しなかったせいかも
うっ

「ニャン吉」?
「名もなき」?
なんだそれ

トモコは昔から
がんばり屋さんだから
一人で無理しちゃった
のかもね
そういうところ
おばあちゃん似
なのよね～
絶対
おじいさん似
じゃない
そうなの？
そうなのよ～
おい、わしも
がんばってるぞ

おばあちゃんも
トモコと同じで
働きながら
育児と家事を
しててね
でもその頃は
働いてるお母さんも
少なかったし
働くにしても
育児と家事をしっかり
やらなきゃいけなかった

おじいさんは
超仕事人間
だったしね～
ギクッ
あの頃は仕事ばかりで
家庭のことは、ばあさんに
任せっきりだったんだ
今とは時代も
違うしね～

私はそれに加えて、子ども二人の育児もしてたんですよー

ウッ

なんでそんなに
無理しちゃったの?

そのときは
それが当たり前だと
思い込んでたの

トモコも、昔の私の姿を見て、
「家事は一人でがんばるもの」って
思っているのかも

私みたいに
倒れたりしなければ
いいんだけど…

ママ
倒れたら
いや!!
ママ、無理してる
のかなぁ
ポロ
ポロ

いい子たちだ
そう思ってくれる
家族がいるなら
安心ね

大丈夫よ
おばあちゃんだって
今は変わった
もう倒れたくないし
倒れてからは
ズボラになるって
決めたの

大切な人が
元気なのが一番だ

ママもズボラに
なってくれて
いいのに…

トモコもほんとは
寝ることが大好きな
ズボラさんだったのよ
そうなの?
いつも動いてる
イメージだよ
タイムセール2つ
行ってきた!
ハーハー
おなかいっぱい
ねよ〜
スイーツ

でも食べることだけは
昔から大好きで
一生懸命だったなぁ

取材したら
コロッケ
もらった♡

ご近所グルメ
コーナー

高校の頃は
新聞部に入って
おいしいお店の記事を
書いてたわね〜

小さい頃から
おいしいお店が好き
だったのね

ママらしいわ

ママ、今
グルメのお仕事
してるんだよ!

だから…
だから…

ニャン吉!

名もなき家事妖怪の
退治の仕方を教えて!

ママのお仕事
応援する!

パパとも仲直り
できるかも

わかった!
ニャッ
一緒に名もなき
家事妖怪退治するで!
ニャン吉〜!
ありがとー!!

つと、その前に…
礼儀として姿を
見せんとな

おいらは陰陽猫の
ニャン吉!
ドン
ママさんの話を
聞かせてくれて
ありがとな!
!?

あらま〜
面白い猫さん
ねぇ〜!
ユイトは
おばあちゃん似やな
カッコいいでしょー
ざわ
ざわ

ネコガネコガ
シャベシャベ
ええリアクション
いただきましたー
二人には
姿を見せて
なかったのね
ニャン吉
元気になって
よかった

その頃、太田家では…
バイバーイ
やっぱり帰ってこないか…
仕事も終わらせて名もなき家事妖怪も退治したのになー
「結婚記念日」、忘れちゃったのかな
チッ
チッ
チッ
チッ…
あーでも自分から言うのもなー
本当に忘れてたらショックだし…
仕事のトラブルで遅くなってしまった…
ただいま…
!

そうか
今日は…
僕は…
何してるんだろう
ダ
ダ
ダ
ごめん!
仕事で
遅くなって
ハ
ア
ア
ガ
チャ…
すぅー
すれ違いは
増していくばかり…

親は親！ 縛られないで！

あなたが家事を始めたのって、いつですか？

小さい頃から親のお手伝いをしていた人もいれば、一人暮らしや結婚をしてから家事を始めた人も多いですよね。

私は、就職が決まり一人暮らしをするときに、家事をするようになりました。最初は、慣れなくてアタフタ。カレー作り一つとっても…

「実家のカレーってどんな具材入れてたっけ？」

「たしか、じゃがいもは芽を剝いてたような…」

「火が通りにくいものは先に電子レンジにかけてたな…」

母が家事をしていた姿を思い出してがんばりました。

そう、**家事って、親の影響を受けやすいんです。**

だからどうしても、家族ができた際に、親と比べてしまいます。

母はほとんど自炊だったけど、私はお惣菜や冷凍食品……とか。

母は私が学校から家に帰るといつもいてくれたけど、私は仕事でいてあげられない、とか。

母は掃除を……あまりしてなかったから私もいいか（笑）。

でもよく考えたら、**比べなくていいんです！**

だって、**親の世代と私たちの世代は暮らし方が違う**んですから。共働き家族も多いし、親から離れて暮らす家族も増えましたよね。だから、家事のやり方も親と同じじゃないのは、当たり前。

　そしてさらに、比べちゃう対象は、親だけではありません。

　ママ友、仕事の同僚、ついつい空き時間に見るSNSで見かけた「誰か」……。

　そうやってどこかの誰かを、自分の理想像に作り上げるほど、落ち込みやすくなります。

　しかしですね、**見えてるところって一部分だけ**ですから。

　家族構成も、働き方も、子どもやパートナーの性格も、住んでいる場所も、親との関係も、みんなバラバラです。

　条件が違うのに、比べても仕方ないです。

「私は私、あの人はあの人、親は親」でいきましょう！

第12話

子どもたちの妖怪退治

トモコとシュンタの仲は悪化していました
まだ怒ってるの？
怒ってない
ウワァー…
本当のこと言ってるだけ！
こんなんじゃ話しあいもできない!!
お互い様でしょ!!
クライアントから電話！
話にならないもう寝る！
キリキリ
ママとパパ名もなき家事妖怪退治どころじゃないね…
こんなに増えちゃって
しっしっ
でも、だからこそ！
僕たちが名もなき家事妖怪をやっつけるんだ！
家庭平和のために！
その意気や！いっくでー!!
ズバーン

…っと
その前に！
何ー？
ズル
名もなき家事妖怪は、
いーっぱいいるんや！
中には大人にしか
退治できひんのもおる
全部退治しようと
思わんでええからな！
わかった！
倒せそうなやつ
倒す!!
よっしゃ！
ほな！
名もなき家事妖怪が
見えやすくなる術を
かけるでー！
ニャ ニャ ニャ ニャ ニャ
ニャン ニャン
ニョリツリョー！
姿を現せ！
ニャーーー
子どもたちでも
退治できる
名もなき家事妖怪！

リビングに、オサラオキッパとオモチャダシッパが現れた！
オサラオキッパ
テーブルに置きっ放しにされた食器の妖怪
ドーン
オモチャダシッパ
片付けられてないオモチャの妖怪
出たわね妖怪！
退治するぞ！
どうする？
・見て見ぬ振りする
・退治する
・誰かにお願いする

あともう一個選択肢があるわ
!?

ニャン吉！名もなき家事妖怪を楽してやっつけるアイテム出して!!
そんなものあるの!?
→・楽して退治する

なぜそれを…！
おいらでも忘れていたのに
あるなら出して！

はよ!!
いでよっ！
あ、ちょっと待って
えっとどこやったっけ
名もなき家事妖怪退治を楽にするグッズー！

オモチャダシッパをやっつける！「取手付きの大きなカゴ」

子どもがリビングで遊ぶおもちゃは、
取手付きの大きなカゴに入れておく。
散らかりやすいものほど、一旦カゴに
入れることで片付けやすくなる。
部屋から部屋への移動もしやすい。

オサラオキッパをやっつける！「大きなお盆」

家族分の食器を片付けるとき
テーブルとキッチンを何度も往復することも。
大きなお盆があれば、まとめて食器を乗せて
運ぶことができる。

このあとも、子どもたちは名もなき家事妖怪を退治し続けました

ユウビンオキッパをやっつける！

郵便物を置きっぱなしにしていると現れる妖怪。
そのままにしておくと、どこかにいってしまうことも…。
「郵便物入れ」を作って、一旦、そこに収納する。
仕分けは大人に任せよう！

ホコリマイチルをやっつける！

隙間や高いところに潜んでいる妖怪。
掃除機で吸うのが効果的だけど、
カーペットクリーナーで掃除すると
子どもでも楽に掃除できる！

ガッコウノジュンビーをやっつける！

学校の準備を忘れると現れる妖怪。
チェックリストにして壁に貼っておくと、
子どもたちが自分で準備しやすくなる。

ユイト…
マコ…
話しかけてきた！
なによ〜

ママトパパ…
イイネ…
仲直リ…
デキタラ…

妖怪のくせに…
いいやつじゃん
ありがとー

名もなき
家事妖怪って
ただの悪いやつらじゃ
ないのかな…

名もなき家事妖怪は
生活する限り生まれる
消えたり
現れたりしながら
バイバイ
またね…

パタン…

カチャ…
いたた
胃薬買いに
行くか

カチャ…
フー
ちょっと
休憩するか

ガチャ
ドサッ
あれ？
リビングが
騒がしい…

気まずう!!

スゥー
子どもたちが
名もなき家事妖怪を
退治してる!!

ママ！
パパ！
僕たち
名もなき家事妖怪を
退治したよ！
だから
仲直りして！
え、えーっと…
そのぉ…
子どもは
親のことをちゃんと
わかってるんやで
フゥ〜…
ケンカしてんの
バレバレや
げっ
おいらも
太田家のみんなと過ごして
わかったことがあるねん
？
家事シェアは
名もなき家事妖怪を
退治するだけじゃ
あかんってこと

名もなき家事妖怪は、
家族が生活する中で生まれる
だから家族みんなで
退治するもんなんや

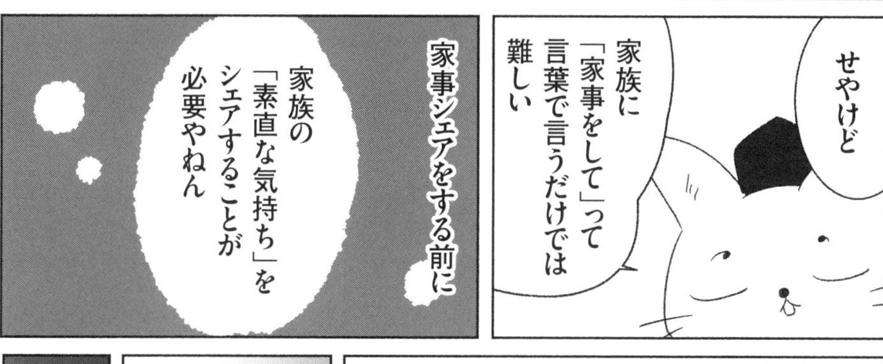
せやけど
家族に
「家事をして」って
言葉で言うだけでは
難しい
家事シェアをする前に
家族の
「素直な気持ち」を
シェアすることが
必要やねん

「素直な気持ち」を
シェア…

私の仕事…
応援してくれるって言ったよね？
わかってほしい
カタ
カタ
ありがとー
ママがんばるからね！
でも結局…私が働き出したら全然うまくいかない
辛い
なことになるなら
を断ればよかった！
もーっ遊んでばかりいないで
ちょっとは手伝ってよ!!
悲しい
さてと…
寂しい

本当は……
………っ
しんどかった

その気持ちを家族に
伝えても
どうにもならないって
決めつけてた
正直に言ったところで
気まずくなるなら
いいやって
我慢した方が
マシだって思った

でも結局
無理することが
続けられなく
なって…
私ばかり
ちゃんとしなさい
なんでわかって
くれないの
気づいたら
ひどい言葉が
止まらなくなって…

ほんとに
ごめんね

うーん
でも…

ずっと我慢して
黙っているより
今、言葉にして
伝えてくれて
よかったかも

僕も仕事のこと
とか話さなくて
ごめん
いやいや
こちらこそ

二人とも
意地張って
謝らなかったのねー

素直になると
相手も素直に
なりやすい
真似っこして
鏡みたいだね

夫婦がぶつかることで
向きあえることも
あるってこっちゃ！
ニャハハハ
結果オーライ☆

そ
そ？

んなわけない!!
パパとケンカしている間
家事どころか何もやる気出ないし
ワアアア
ほんとに
辛かったんだから!!
グェ
僕も！
主に胃が

もうこんな
すれ違いはいや
だから
決めたの
ホッとしたら涙が…

日頃から素直な気持ちを
ユイト、マコ
家事をしてくれて
パパ、話を聞いてくれて
ギュ
ありがとね！
うん！
伝えるんだ

パパ、今よ！
ケンカからの仲直り少女漫画的展開！
ハッ
僕も素直にならなくちゃ…！
ママと一緒に結婚記念日のお祝いをやり直したいんだ！
パパ…

ママが行きたいって言ってたお店も予約して
ここは…
TABERAN
大人気！ワールドワイドなスイーツ店

超人気のお店じゃない！行く！
一人でも!!
いや一緒に行こ？
かくして、トモコとシュンタはぶつかりながらも、向きあうことができたのでした

価値観のすりあわせはていねいに

家事シェアがうまくできている夫婦は、二つのパターンがあります。

（1）お互いに元から器が大きい。
（2）一度本気でぶつかって向きあった。

言わずもがな、うちは後者でした。一度ゴリゴリにぶつかりました。「でも、パートナーと衝突するのって怖い」。わかります。わかりますが、すれ違いを放置するとそのズレはどんどん深くなっていきます。

夫婦に限ったことではなく、人の価値観なんて、みんなバラバラです。育ってきた環境も、性格も、好きなものも嫌いなものも、同じ人なんていません。そして家事は、その人の価値観が如実に出る最たるものなんです。

価値観をすりあわせなければ、すれ違いが生まれるのは当然です。

ただ、何度もぶつかっていると疲れてしまいますよね。

なので私は、できるだけ夫と穏やかに価値観のすりあわせができるように、**ネガティブな気分のときは、話し合いをしない**と決めています。

なぜなら、**イライラしながら夫に話しかけても、ただケンカして終わることが多い**から。

言葉はキャッチボールです。怒りのまま激しい感情をぶつけると、同じような球が返ってきて、結局は自分が傷つきます。

なので、イラッとして、怒りを夫にぶつけたくなるときは、自分に問いかけます。

私は、夫と家事シェアがしたいのか？　それともケンカしたいのか？

そうやって、解決したいときこそ、「怒り」のまま、話さないように心がけています。ま、人間なので、咄嗟に言葉をぶつけてしまうこともあるんですけど（笑）。

話しあうときは気分を落ち着けるクセをつけるようにしています。

第13話
あの頃のように…
ニャン吉と子どもたちの活躍で、
じゃあ行ってきまーす
すれ違っていた夫婦は向きあい始め…
行ってらっしゃい!
結婚記念日楽しんできてね
子どもたちのことは任せろ!
なぁなぁ
なぁに?
今日は子どもたちのママとパパじゃない時間を過ごすために
名前で呼びあってみ!
ええーっ!
家事シェアがうまくいくパートナーシップ
ニャン吉

名前で
呼びあうなんて…
プシュ
?

あのっ
シュッ
シューッ
出発？

じゃなくて
「シュンタさん」！

今更、
名前で呼びあうなんて
恥ずかしいって…！
言っちまった
言っちまった
へ？
二人で話す時間なんて
しばらくなかったし

え〜
じゃ〜
「トモコさん」…！
ハアッ
ドキッ

不思議…
呼び方を変えただけで
夫婦の距離が縮まった感じ
私はこの人の妻であって
母ではないんだもんね

CAFE
OPEN
ここだー
時間もピッタリ

世界一周の旅デザートキターー!!
キャーッ
ごゆっくりー
世界制覇してね

おいしい～！予約してくれてありがとう！
ウフフ～
最高の結婚記念日ね！

……………

ガクーーン
本当の結婚記念日は僕が忘れちゃったせいで流れちゃったけどね…

やだもー そんな昔のことなんて

全然覚えとるし
仕事を応援してくれるって
言ったのにしてくれなかったなー
家事もするって言ったのに
してくれなかったしなー
休日も出勤してさー
会話もできなかったなー
あれ?
お腹が痛くなってきた
食べすぎたかな

「お互いが
素直な気持ちを
伝え合わなあかん」
ニャン吉
ハッ
危なかった…!
素直になるのよ!
素直素直素直
すなおすなお
スナオスナオ
怒ってる?
怒ってる?
私の
素直な気持ちは……

結婚記念日の日は
一緒にお祝いできるって
楽しみにしてたから
お祝い
できなくて
悲しかった…
トモコさん…

あのときは
本当にごめんね
…！

素直に話したら、
素直に返ってくるんだ
ウフフ
アハハ
素直ラリー
怒りながら言ってたから
怒って返されたんだ

これは言い訳に
なるかもしれないけど…
実はトモコさんが
働き出したとき
早めに帰らせてもらおうと
上司の熊野さんに相談したんだ

えっ
そうだったの？

そしたら
嫁さんの方が
稼ぎ出したら
情けない！
嫁の稼ぎに負けないように
今以上に仕事に励めよ！
って
言われて…

はいっ？

確かに、考え方が違うだけで、悪い人じゃないかもね…

それに、奥さんだって、私みたいに働きたい人もいれば、家庭に入りたい人だっているよね

みんな考え方は違う
それは話しあわないと
わからないいんだよ

そうよね
話してなかったから
私たちはすれ違ってしまった

ザワ…
だから…！

痴話喧嘩かしら？
あらま〜
ザワ
ザワ
お、お店出ようか
そ、そうだね
ザワ
大変ねー
ザワ
お若いわねー

CAFE

帰る前に
寄りたいところが
あるんだけど
いいよー
どこ?

こっち、こっち
あと
もう少し
…!

ここって…
シュンタさんが
プロポーズしてくれた
ところ…!

覚えてる?
覚えてるよ!

あの日も
あなたは
仕事で来るのが
遅れたのよね
私、待ちぼうけばっか
くらってるわねー
ごめんね!!

でも
あの頃の私は…
後輩を放って
おけなくて…
いいのよー
お仕事
お疲れ様！
怒ってなかった……

自分と違う
シュンタさんの性格が
「いいところ」だって
思っていたのに

シュンタさんって

遅刻するし
優柔不断だし
お腹も弱いし
急に
何!?

忙しい日々を過ごす中で
でも、
優しい人よね
いつの間にか
あなたの「いいところ」が
見えなくなってた

あっ
ありがと
あのっ
えーっと…

トモコさん
僕と結婚してくれて
ありがとう
幸せにするって
言ったのに
悲しい思いをさせて
ごめん

トモコさんのこと
理解してるつもりで
いたけど…
本当に「つもり」で
いただけだった

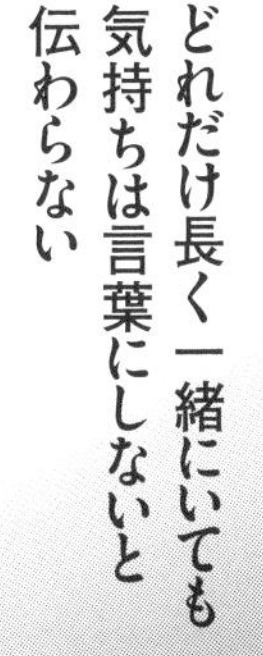
どれだけ長く一緒にいても
気持ちは言葉にしないと
伝わらない

そうだね
私たちお互いのこと
わかってなかった
だから
もっと
たくさん
話さなきゃね
この先も一緒に
幸せでいられるように！

私は、仕事だけじゃなくて
家事もがんばりたかったの
私が小さいとき
お母さんは、こなしてたから
それが当たり前だと思ってた

でも私には
無理だったみたい…

それでいいんだよ
お母さんだって無理してたの
かもしれないよ
働き方だって
昔と今とは
違うはずだし
!

そう言われてみれば
そうかも…
体力も得意なことも
みんなバラバラだし
うん
うん
そうだよ
僕だって嫌なことあると
すぐ胃が痛くなる
さすさす

でも、
こんなふうに
二人で話すまでは
自分が苦しんでいたことすら
気づけてなかった…

夫婦の時間って大事ね！
夫婦でしか話せないことってたくさんある！
今日みたいに仕事の話とか本音で話し合うとかね

今日すごく楽しかったなまた二人で出かけようね
もちろん！
よく考えたら家族になっても夫婦は続いていくんだもんな

またぶつかってもよろしくね！
ハハハ
ぶつからないように気をつけようよ…

パートナーシップで心がけるべきこと9箇条

1　適度にズボラたれ

がんばりすぎると「なんでもやってくれる人」というポジションになってしまい、周りの人は甘えてきます。ズボラになる自分を許す。そうすると夫が家事を失敗しても許せます。

2　やってほしいことは「理由＋具体的＋思いやり」で伝える

「今、子どもを見てて手が離せないから、お風呂場を洗ってもらえたら嬉しいな！」夫婦は長年一緒にいると、つい相手に「察する」ことを求めてしまいますが、それはNG。言葉にしないと気持ちは伝わりません。言葉にするときも、より伝わるようにひと工夫しましょう。

3　名前で呼びあう

うちも子育てが始まると自然に「パパ」「ママ」と呼びあうようになりましたが、その言葉は、母、父、という役割を含んでしまいます。しっくりこないので、お互いに名前で呼びあうことにしてみました。最初は気恥ずかしかったですが、母である前に私自身を見てくれている感じがして、夫との距離が近づいたように思います。

4　褒めてほしいことは自分から言う

家事をがんばっても、パートナーが気づいてくれないと悲しいですよね。でもそこで相手に察することを求めてもパートナーシップはうまくいきません。なので私は、家事をがんばったときは、自分から報告するようにしています。「部屋をきれいにしたよ！　がんばったでしょ～！」と伝えます。メールで送ることもあります。ポイントは明るく、軽く伝えること。

5 「夫婦の時間」を作る

うちは「月に一度デートする」と決めています。家族と夫婦の過ごし方は違います。何より夫婦で楽しむ時間をシェアするほど、自然に仲も深まります。子どもが小さいときは、子どもが寝たあとに、一緒に映画をみて過ごしたりしていました。

6 意地を張らない

意地を張る理由は、「自分を守るため」だと思います。だけど実は、意地を張れば張るほど、自分の素直な気持ちから遠のいて、取り返しがつかない状態になります。

7 パートナーの興味あることについて質問してみる

私の夫は、暇さえあればパズルゲームをしています。「どんなところが面白いの?」など、掘り下げて質問していくと、夫は「マイペースにコツコツ作業を進めることが好き」ということがわかりました。それは夫婦関係でも家事でも大切にしていることなのかな、と気づくことができました。

8 「ごめんなさい」より「ありがとう」

例えば、夫が家事をしてくれたときに「ごめんなさい」と言うより、「疲れてるのに、ありがとう! 助かるよ!」と言った方が、お互いにいい気分になります。「ありがとう」は、夫婦関係がよくなる魔法の言葉。どんな小さなことでも、たくさん伝えましょう。

9 一人の時間を作る

育児が忙しいときこそ、家族のためにも罪悪感を捨てて、1~2時間でも、子どもを親やプロに預けて、一人の時間を過ごしてみてください。大切な人を大切に思うことは、心にゆとりがないとできませんから。

最終話
家事におわりはない
色々とありましたが、太田家は家事シェアができるようになりました
いい天気～
食べ終わった食器キッチンに持って行くね！
よろしく！
片付け完了！
バッチリ！
お風呂の洗剤入れ替えといたよー終わったよー
パァ～
ありがとー！
……

よしっ！
ニャン吉〜！
仕上げに、名もなき家事妖怪が
見えやすくなる術かけて〜！

し〜〜〜ん…
…………
ってあれ？

ニャン吉、いないの…
私も一緒に
遊びたかったのに
また
出かけたの
かなぁ
フラッと
どこかに行くよねー
夜には
帰るかなー

ーその夜ー

スーゥ
グゥー
スゥ

パタン
パチッ

ニャン吉、帰ってきたの…？
フラ
フラ
おー起こしてもうたか
すまんなぁ

また出かけるの？
ちょっと今バタついててなー
そうなんだ

ニャン吉がんばって
行ってらっしゃい！
行ってくるで！

ちゃんとええ子で寝るんやでー
よっこいしょー
うん

あ、黒猫さんもいる…

明日になったら、また会えるよね

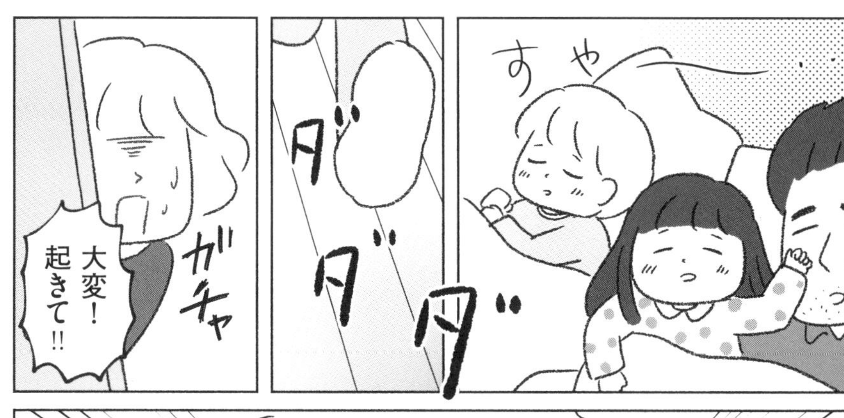
すや
ダダダ
ガチャ
大変！起きて!!

バッ
ニャン吉の置き手紙があるの！
ええ!?
太田家のみんなへ

えぇっ なんて書いてあるの？

読んで！
う、うん

みんなへ
今日からニャン吉は家族でーす！
くるっ
ママーー!?
家事は猫の手も借りたい☆
太田家のみんなと過ごして、
ぶつかったり、すれ違ったり、いろんなことがあったけど、
パパに一言言わないとおさまらへんなぁ
「ヨクモフワッフワノゴミ袋ヲ…」
待ったー!!
名もなき家事妖怪が見えてもろくなことはない！
家事なんて普通にしたらいいんだから！
家族が向きあって、
家事シェアができるまでをそばで見て、
日頃から素直な気持ちを
ユイト、マコ 家事をしてくれて パパ、話を聞いてくれて
ありがとね！
うん！
太田家のみんなは、この先も何があっても、
大丈夫やと思った。

ママさんは、がんばりすぎるところがあるから、
ご機嫌でいることが一番ってことを
忘れんといてな。
またやっちゃった…
私だって本当は子どもたちに怒りたくないのに…
でもさもしかしたら僕だって
ニャン吉と出会わなかったら熊野さんと同じようになってたかも
パパさんは、
もっと素直な気持ちを伝えた方がええで。
お腹を大切に。
ニャン吉！名もなき家事妖怪を楽してやっつけるアイテム出して!!
そんなのあるの!?
マコの家事を楽にしたいっていう気持ち
めっちゃええことやで。
ママさんにも教えてあげてな。
→・楽して退治する
ユイトがたくさんもってる「思いやり」は、
目に見えへんものやけど、家族が一つになるために
一番必要なものやで。
大切なことを教えてくれて、
そうかも！
僕、ママのこと好きだから
いつも笑っててほしいから！
ありがとう

うそ…

ニャン吉…
出ていっちゃったの？
ニャン吉が
封印されてた箱も
なくなってるの

わっ
ニャン吉は
帰ってくるよ!!
だってニャン吉は
「サヨナラ」って
言ってなかったもん！

僕、ニャン吉を
探してくる！
私も！
グスッ

うん
僕たちも
探そう

ニャン吉は家族なのに！
どこに行っちゃったの!?
ニャン吉ーー！
もっと一緒に
遊びたいよー
陰陽ライダーマンのDVD、
一緒にみようって
約束したじゃないか！
家族と向きあえたこと、
まだお礼を
言い足りないのに！

ハ〜
見つから
なかった…
遅くまで
探してくれて
ありがとう

子どもたちは？
探し疲れて
寝たところ

きっと
戻ってくるよね
ニャン吉…
うん
信じて待とう

それから月日は流れ…

季節が変わっても

ニャン吉は
見つかりませんでした

最近は、名もなき家事妖怪も
見えなくなった

ニャン吉と
たくさん退治したから

見えなくても、
名もなき家事に
気づけるようになったけど…

まるで最初から、
ニャン吉も名もなき家事妖怪も
いなかったみたい

ザッ
!?
ニャン吉!?

…似てるけど違う？
あの黒猫は…

ニャン吉が家を出ていくときに一緒にいた猫さんだ…!
そうなの!?
追いかけよう!

待ってー!
ダッ

ター
は、速い
足つりそう
ハァァ
ヒィィ

でも、待ってくれてるような…

ニャン吉の
Happy家事シェア
ニャーー!!
大人気!!
コラボグッズ
ニャン吉ーーー!?

ニャン吉は
家事シェアで有名な
動画配信者なんですよー！
コラボグッズ
いかがですかー？
売り切れる
前に！
えええ!?
ほんとだ
動画配信してる！
ニャン吉…
元気そうね
くるっ
黒猫さん、
教えてくれて
ありがとう！
あっ
行っちゃった
とりあえず
一旦家に帰ろうか
うん！
安心したら
お腹すいちゃった
ニャン吉の
グッズ欲しい
あの猫さん
ニャン吉の
友達かなー
元気な様子が
わかっただけ
でもよかったね
でもニャン吉は
どこにいるんだろう
ガチャ

ニャニャン!!

おー
久しぶりやな！

ニャン吉ーーー!?

動画配信して家事シェアを
伝えた方が効率ええと
思ってん！
ニャンチューバー
今ってSNSが
盛んやし？
時代
読みすぎ!!
お曾じいちゃん猫なのに…

なんで帰ってくるの
遅かったの!?
転職の手続き大変でなー
でも半年なんて
あっちゅう間やん？
サラリ
妖怪の時間感覚
ズレすぎ!!

ニャン吉
もうどこにも
行かない？

そのために
留守にして
たんやから！
セカンドライフ！

ずっと
一緒やで！
やったー！
お兄ちゃん
ズルイ

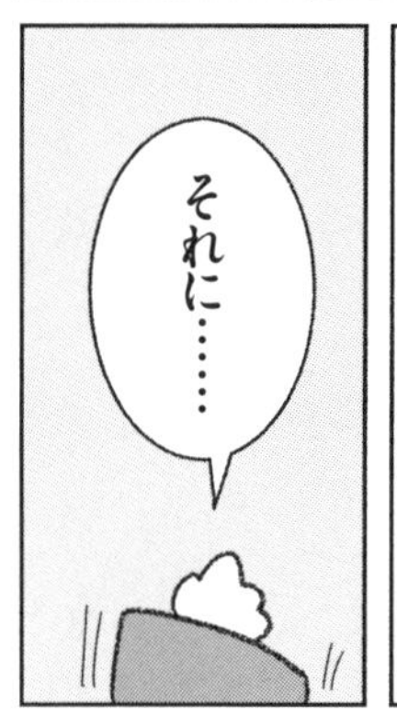
それに……

名もなき家事妖怪も
まだまだ退治せな
あかんしなー！
ニャンニャン
ニョリッツリョー!!
うわ〜っ
ダンボールソノママ
置きっぱなしの
段ボールの妖怪
みかん
エアコンキカーヌ
家の空気を
悪くする妖怪
コンロヨゴレッパ
料理後に現れる。
時間が経つほど
ガンコになる
ティッシュカラッポ
空っぽのティッシュの妖怪
テフキヨゴレッパ
タオルをこまめに取
り替えないと現れる
あれ？
退治できて
なかったー!?
久しぶりね
やっぱ慣れない〜〜

名もなき家事妖怪は、
生活する限り生まれてくる
退治しても
次々に現れる
ずっと付きあっていく
もんなんや

だから、おいらも
付きあったる!

ぎゅーーっっ
ただいま
おかえり!
ニャン吉!

フゥーー

すぴ〜〜
すぴ〜

まさか動画配信者になるなんてね
先代も草葉の陰で驚いてるわよ

ゲスト出演せーへん？
人気出るでー
お断りよ

そんなん言うて、おいらのことみんなにバラしたやろー
落ちついてから帰る予定やったのに…
追いかけられたから逃げただけ
姿を隠せるのに？

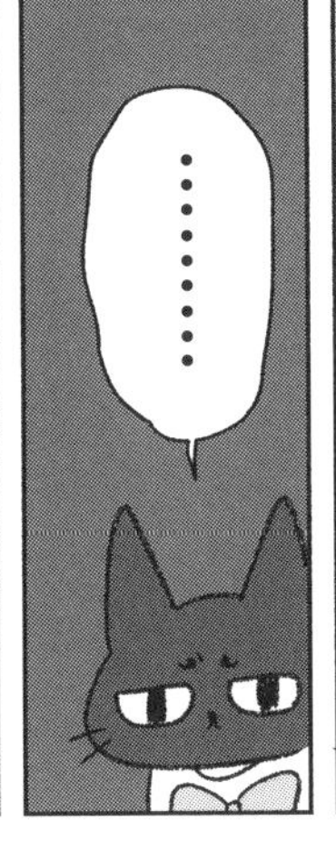
………………

なんで、そこまでしてあの家に帰りたかったの？

太田家のみんなに
出会って
幸せな家事シェアを
するには
家族が素直な気持ちで
向きあうことが
大事ってわかってん
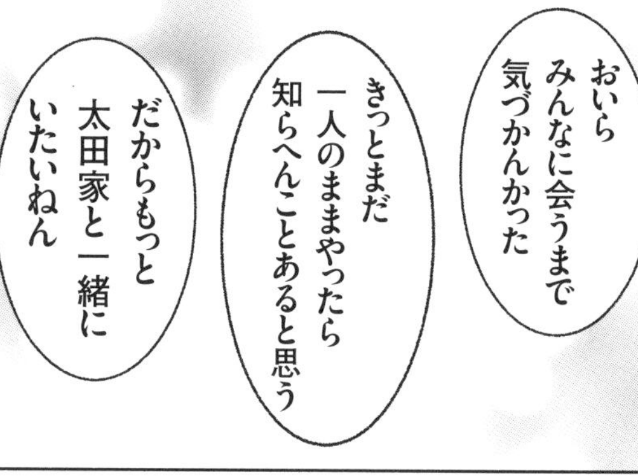
おいら
みんなに会うまで
気づかんかった
きっとまだ
一人のままやったら
知らへんことあると思う
だからもっと
太田家と一緒に
いたいねん

タマ子も
興味あるやろ?
別に
ないし

いろいろ
協力してくれて
ありがとな!
別に
してないし
ポン

ほな、子どもらが
起きてまうし
そろそろ行くわ!
よっこらしょ
またな!

明日も一緒に
名もなき家事妖怪を
退治しよな

おわりに

conclusion

ここまで読んでいただき、ありがとうございました。

太田家の物語は、**実際に私の家族が経験したこと**が下敷きとなっています。できることならタイムトリップして昔の自分にアドバイスしたい……でもできない。そうだ、マンガにしよう。そして現れたキャラクターが、ニャン吉でした。

最後に、ニャン吉からみなさんに伝えたいメッセージを書いておきますね。

「家事シェアをする前に、とにかく自分自身がハッピーになってほしいねん！」

8話コラムで書きましたが、講演会などで主婦の方々とお話しすると、とにかく「自己肯定感が低い」ことが気になりました。でも、これって考えてみれば当たり前のこと。

家族のため、夫のため、子どものため……。「誰かのため」のことばかりしていると、「自分」を満たすことを忘れてしまいます。特に、子どもが小さいと、お世話をしたり、心配したり、悩んだり……それだけで心の中が埋まっちゃう。大切な存在であるほど仕方のないことです。

でも、**自分の本当の気持ちと行動が一致しないと、どんどん心と体がズレていきます。**心が曇り、体も不調になります。

そうなっては、自分も家族も幸せになることはできません。

完璧なお母さんを目指して、心も体も無理をしてしまうより、多少ズボラでも、自然に笑顔でいられた方が、自分も家族も幸せです。便利な家電に頼ったり、家族やプロにお願いしたり、疲れたときはお惣菜を買ったり、外食したり……。

そうしてできた時間で、**目の前にある「気分が上がること」をやってみてください。小さな幸せで、心をどんどん満たしてみてください。**

すると、自然と、家族に「思いやり」をシェアできるようになります。**「思いやり」は「家事シェア」をする上で一番大事なもの。**

そしてこの「思いやり」は、**あなたが満たされることから生まれる**ものだと思います。

本書を手に取った方が、今よりもっと家族と〝いい感じ〟で暮らせますように。

#名もなき家事妖怪をつけて、Twitterで感想を書いていただけたら嬉しいです!

家事シェアに興味がある方と繋がってみてくださいね。

後日談
守りたいもの
ただいまー
おかえりー
買い物ありがとう
鮭が
安かったから
買ってきたよ！
鮭のソテーでも
作っちゃうかな
そろそろ
デキル主夫
あっ
そういえば！
ぶ
ロ
冷蔵庫に
この前買った
鮭あったん
ショウミキゲンキレーノ
冷蔵庫の中で忘れられた
食材の妖怪。放置すると
臭くなる
忘れてたー!!

ハア〜
ソワッ
ソワ

次からは冷蔵庫を
確認してから
買い物してくれると
助かるー
あと
古いやつから
使ってねー
了解！
パッ
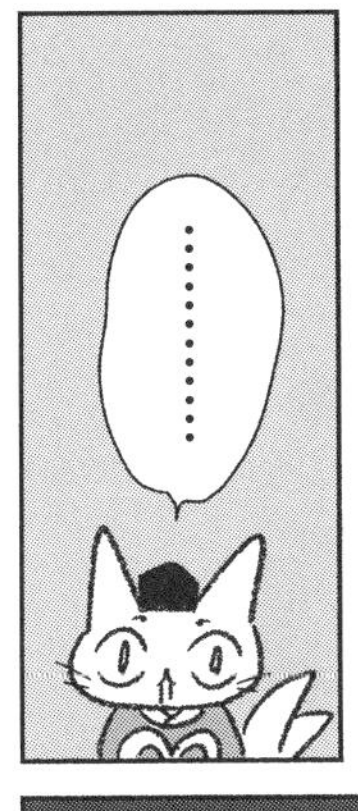
…………

ママさん
変わったなぁ
へ、何が？

だっておいらが
太田家に来た頃は…
昔
食パン
買ってきたの？
プンスコ
まだ古いの
あるのにー
今
そんなことも
あったような
キャッ

でも今は
シュンタさんが料理に
興味持ち出したから
文句を言ったら
やる気をなくしちゃうでしょ

少しお金がかかったり
負担になることがあっても
自由にしてもらう方が
家事をストレスなく
続けられるかなって
手伝ってくれる人ー
はーい

ママさん成長しておいら感激!!
それに

結果的には私が楽できるし
グッ
未来への投資だと思えば安いもん☆
ほんと変わったわぁ
そんなママさんも好きやで

でも、そうねー今だから言えることだけど
スゥ

昔は感情的に言うことが多かったわね
最初は言いたいことも我慢するんだけど…

あの頃の私は…

私は夫みたいに稼いでない
家のことは私が一人でやらなきゃ
そんなふうに自分で自分を追い詰めていた

でも本音は…
家事も育児も
一人でするのはいや
社会に出て
働きたい
友達と
遊びに行きたい
自由な
時間が欲しい
いいな
ずるい
私だって…
ああ、そっか
そうだったんだ
私…
シュンタさんが
うらやましかったのね

え？
僕のことを⁉
なんで⁉
ドバ
おっとー

大黒柱として
働くのはもちろん
大変やけど
家事は仕事とは違う
大変さがあるんや
？

ズバリ！
家事は
お金がもらえない
褒められることもない

だから、主婦の人は
自己肯定感が低く
なりやすいねん

そうだね…
そうかも…

そんな自分の気持ちを
見て見ぬ振りしてたから
ずっとモヤモヤ
してたのかな

でも家族に、素直な気持ちを言葉で伝えたときから
前からやってみたかった
グルメ雑誌の仕事なの！
結婚記念日の日は一緒にお祝いできるって楽しみにしてたから
お祝いできなくて　悲しかった…
何かが変わった気がする
ママさんは、「いい家族でいなければ」っていう気持ちが強かったんかもな
自分を犠牲にしてでも
家族を大切にしようと必死だったんだと思う
でも、そんなことしても私も家族も幸せじゃなかった
自分を大切にできたとき　周りの人も大切にできるのね
そうやって生まれるのが「思いやり」
家事シェアがうまくいく秘訣や！

「思いやり」は、
自分が満たされて
溢れたものから生まれる
好きなことをしたり
楽しいことをしたり
リラックスしたり
自分の時間を楽しむことで

それはわかるけど
家事育児してたら、そんな時間を
作るのは難しいし
罪悪感も
感じちゃうのよ

ママさんみたいに
がんばり屋さんな人ほど
好きなことを
することが悪いって
思っちゃうねんなー

でも
罪悪感もってて
いいことあった？
罪

ない
むしろ
ストレスから
シュンタさんと
ケンカした
即答！
うぅっ
（思い出し胃痛）

そうだ

これだ

私がずっと
守りたかったもの

なのになんで
忘れてたんだろ
大切なことなのに…

思いやりも、幸せも
見えないものやから
おるか!?
思いやり
幸せ
たまに
立ち止まらないと
見逃しちゃうんかもな
いいこと
言うー

そう思ったら
名もなき家事妖怪も
ほどほどに退治しとけば
いいやって思えてきた

部屋は
ピカピカじゃなくていい
おいしいごはんを
毎日作らなくていい
どこかの誰かの
理想にならなくていい
自分を犠牲にしてまで
がんばらなくていい

ところでニャン吉は
さっきから何を
メモしてるの？
ああこれは

おいらの名言
メモしてた
動画で使えるやろ！
ドヤ
おいらの名言
自分で名言って
言っちゃった

ごはん
できたよー
ちょっと濃いかも
パパさん
すごい!!
おしゃかなや〜
おいしそ〜
シュンタさん
ありがとう！
奇跡の成功
ぼくも
手伝ったー！

ママさんだけやない
パパさんも大成長や！
くぅ〜っ
これはもう…

配信せな!!
後世に残すでー！
クリエイター魂!!
ゴォ

ほな
行くでー！
3、2、1
はやっ
ニャン吉の
名もなき家事妖怪
ちゃんねる〜！

あなたの家族が
家事シェアを通して
幸せに暮らせますように
かくして、
「名もなき家事妖怪」の物語は、
これからもまだまだ続くのであった

カワグチマサミ
漫画家・イラストレーター

1984年、大阪府生まれ。2010年から漫画家・イラストレーターとして活動を始める。その後結婚し、12年に男の子を出産。産後に働きすぎて体調を壊してからは、「スキあらばゴロゴロ」をモットーに働いている。著書に『子育てしながらフリーランス』(左右社)、『子育て言い換え事典』(KADOKAWA)、『ゼロからわかる お金のきほん』(高橋書店)等がある。

企画原案 矢野貴寿(クリエーティブ・ディレクター)
制作協力 大和ハウス工業株式会社
装丁 bookwall

名もなき家事妖怪

2023年2月10日　第1刷発行

著者
カワグチマサミ

発行人
見城 徹

編集人
福島広司

編集者
片野貴司

発行所
株式会社 幻冬舎
〒151-0051 東京都渋谷区千駄ヶ谷 4-9-7
電話:03(5411)6211(編集)
03(5411)6222(営業)
公式HP:https://www.gentosha.co.jp/

印刷・製本所
中央精版印刷株式会社

検印廃止

Printed in Japan
ISBN978-4-344-04038-0 C0095

この本に関するご意見・ご感想は、下記アンケートフォームからお寄せください。
https://www.gentosha.co.jp/e/

○ UNIQLO「スーパーノンアイロンシャツ」

家事シェアの基本は、「自分のことは自分でやる」です！
会社勤めで忙しくても、アイロンいらずのシャツなら洗って干すだけでOKです。

○ 洗濯洗剤ジェルボール

どの洗剤をどれだけ入れていいのかわからない家族でも、手軽に洗濯できます。

炊事、洗濯関連

○ルクエ（Lékué）「スチームケース」

材料をスチームケースに入れてレンジでチンするだけで簡単に調理ができます。
火を使わないので、家事に慣れない家族も使いやすいです。

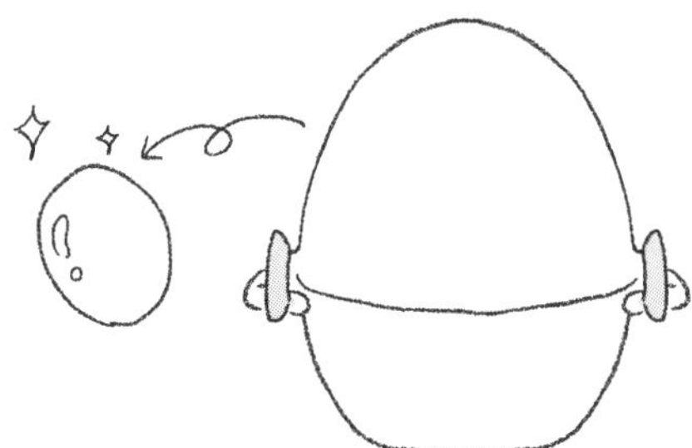

○曙産業「レンジでらくチン！ ゆでたまご」

火を使わず電子レンジだけで、簡単にゆでたまごが作れる。さらに殻も剝きやすい優れものです。

○レトルトのごはん

ごはんを作る時間がない！ めんどくさい！ そんなときのお助けアイテム。料理ができない家族でも簡単に食べられます。
いざというときの非常食にもなるのでうちでは常にストックしています。

○クツワ metete「おうちの時間割りボード」

子どもが自発的に行動しやすくなる。家族間でも子どものスケジュールを確認できるので便利です。

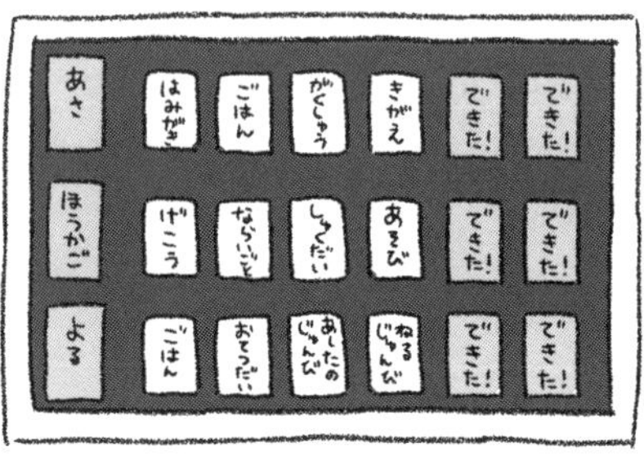

○おもちゃ収納プレイマット

散らばるおもちゃをひとまとめに収納できる。収納方法も簡単なので、子どもだけでも片付けやすいです。

家族全体&子ども向け

○家族間の予定の共有はLINEで

学校や習い事の書類は撮影して
LINEのノートで共有!
スケジュール共有機能もあるので
子どものイベントの管理に便利です。

○お手伝いアプリ「てつだって!」

子どもが家事のお手伝いをするたびに
ポイントが貯まるアプリです。
目標のポイントにご褒美を設定して、自分から家事を手伝ってもらいましょう。

○家族分の取手付き収納カゴ

洗い終わって乾いた洗濯物は、家族それぞれのカゴに入れておき、各自で畳んで収納してもらいましょう。

使ってよかった
家事シェアグッズ
10選!!